MARIANNE WELLERSHOFF ist Journalistin, Autorin und Musikerin. Sie hat ein Studium der Psychologie abgeschlossen, mehrere Bücher geschrieben und arbeitet als Autorin beim SPIEGEL. Wellershoff beschäftigt sich mit Themen aus Wissenschaft, Kultur und Gesellschaft und ist Blattmacherin der Magazine SPIEGEL WISSEN und SPIEGEL COACHING.

Außerdem von Marianne Wellershoff lieferbar:

Ich fühl mich wohl – Ziele erreichen, Gewicht halten, mehr bewegen
Ich kenne mich – Emotionen verstehen, Kindheit entschlüsseln,
Menschenkenntnis verbessern
Ich schaff das schon – Krisen überwinden, Stress reduzieren,
zu Hause wohlfühlen
Ich komm weiter im Job – Stärken erkennen, Blockaden lösen,
Veränderungen meistern

Marianne Wellershoff (Hg.)

Ich bleib *fit* im Kopf

GEDÄCHTNIS TRAINIEREN
GEISTIG JUNG BLEIBEN
ERFÜLLT LEBEN

3 Selbsttests und Trainingsprogramme
für ein Leben auf Zack –
mein Coaching

 **PENGUIN** VERLAG

Die Texte dieses Buches wurden neu zusammengestellt und sind bereits in den Magazinen *So geht's mir gut. Sechs Trainingsprogramme, mit denen Sie Ihr Leben managen können* (01/2019) und *Ich fühl mich wohl. Sechs Trainingsprogramme für einen entspannten Alltag* (01/2020) und *Neustart für mich. Sechs Trainingsprogramme für ein zufriedenes Leben* (01/2021) aus der Reihe SPIEGEL COACHING erschienen.

Sollte diese Publikation Links auf Webseiten Dritter enthalten, so übernehmen wir für deren Inhalte keine Haftung, da wir uns diese nicht zu eigen machen, sondern lediglich auf deren Stand zum Zeitpunkt der Erstveröffentlichung verweisen.

Penguin Random House Verlagsgruppe FSC® N001967

1. Auflage 2022
Copyright © 2022 by Penguin Verlag, München
in der Penguin Random House Verlagsgruppe GmbH,
Neumarkter Straße 28, 81673 München
und SPIEGEL-Verlag Rudolf Augstein GmbH, Hamburg,
Ericusspitze 1, 20457 Hamburg
Umschlaggestaltung: Favoritbuero, München
Umschlagabbildung: Shuttersock
Satz: Satzwerk Huber, Germering
Druck und Bindung: CPI books GmbH, Leck
Printed in Germany 2022
ISBN 978-3-328-10911-2
www.penguin-verlag.de

Inhalt

Vorwort

Uns allen ist gemeinsam, dass wir älter werden. Doch wie wir älter werden, darin unterscheiden wir uns. Denn unser kalendarisches Alter entspricht häufig nicht unserem biologischen Alter, und wie alt wir uns fühlen, das ist noch etwas ganz anderes. Das bedeutet: Das Alter hängt auch vom Lebensstil ab, und auf den haben wir Einfluss. Gesunde Ernährung, Bewegung, soziale Kontakte – all dies sind wichtige Faktoren.

Außerdem ist Alter eine Frage der Haltung. Wer sich jung fühlt, der verhält sich auch so – und das wiederum wirkt wie ein Jungbrunnen. Wir können also Einfluss darauf nehmen, ob wir aktiv und mit viel Tatendrang durchs Leben gehen oder ob wir glauben, früher oder später zum alten Eisen zu gehören, und uns so selbst in Abseits schieben.

Es hält auch jung, wenn man sich für andere einsetzt. Denn, das ist wissenschaftlich belegt, Engagement macht glücklich. Es gibt dem Leben einen Sinn, und ein erfülltes Leben ist ein zufriedenes.

Wir haben es also in der Hand: Ungünstige Haltungen kann man ändern, einen ungesunden Lebensstil auch. Und man kann vieles verbessern, das Gedächtnis zum Beispiel. Drei Trainingsprogramme sind in diesem Band *Ich bleib fit im*

Kopf versammelt: »Merkfähigkeit trainieren«, »Jung bleiben«
und »Sinn finden«. Sie enthalten viele alltagsnahe und gut
umsetzbare Tipps und Übungen. Die dazugehörigen Selbsttests vermitteln Ihnen ein besseres Gefühl dafür, wo Sie stehen und wo sich eine Veränderung anbietet. Alle Tests und
Trainings wurden von der Psychologin Anne Otto gemeinsam mit Wissenschaftlern und Expertinnen aus der Praxis
entwickelt.

Seien Sie fürsorglich mit sich selbst und beschäftigen Sie
sich ganz in Ruhe mit den Übungen. Nehmen Sie sich einfach Zeit.

> **Tipp:** Besorgen Sie sich ein Notizbuch und führen
> Sie ein Journal zu den Coachings, in dem Sie Ihre
> Gedanken und Vorhaben festhalten. Dann kön-
> nen Sie auch immer wieder mal zurückblättern.

KAPITEL 1

Gedächtnis trainieren

»Neues in die richtigen Regale einordnen«

Ob Schacheröffnungen, Fußballfakten oder Musikstücke: Drei Profis verraten ihre Lernstrategien.

Gesprächsprotokolle von Maria Stöhr

Christiane Stenger *ist Gedächtnistrainerin und Moderatorin. Mit dem Gedächtnissport begann die Münchnerin, als sie zehn Jahre alt war. Dreimal wurde sie Junioren-Gedächtnisweltmeisterin. Heute schreibt sie Bücher und hält Vorträge darüber, wie man lernt, sich Dinge besser zu merken. Einmal musste sie sich, wie sie erzählt, für einen Auftritt beim »ZDF-Fernsehgarten« alle Ergebnisse einer Fußball-WM merken.*

»Das Gehirn stelle ich mir wie eine Galaxie vor. Wir haben etwa 84 Milliarden Gehirnzellen. Unfassbar. Jede Gehirnzelle kann allein zehntausend Verknüpfungen mit anderen Gehirnzellen eingehen. Das Schöne ist: Der Speicher wird nicht voll, sondern umgekehrt – je mehr Wissen wir besitzen, desto mehr Anknüpfungspunkte stehen zur Verfügung, um neues Wissen anzudocken.

Theoretisch kann man sich alles merken. Dafür gibt es verschiedene Techniken. Wer Neues lernen möchte, sollte es in Schubladen legen oder die Information wie in einer Bücherei in die richtigen Regale einordnen. Zum Beispiel mit der sogenannten Routentechnik: Die haben schon die Griechen und Römer vor mehr als 2000 Jahren angewendet, um vor Menschen lange frei sprechen zu können.

Sie geht so: Zu Beginn überlegt man sich einen festen Weg, zum Beispiel durch die eigene Wohnung. Man fängt bei der Wohnungstür an und schreitet die Wohnung in einer bestimmten Reihenfolge ab, Zimmer für Zimmer. Unterwegs sucht man sich markante Punkte aus. Einen Stuhl oder die Kommode im Flur zum Beispiel. Diese Routenpunkte verknüpft man mit den Begriffen, die man sich merken möchte.

Bei einer Einkaufsliste könnte das etwa so ablaufen: Die Tomaten klingeln ganz aufgeregt an der Tür und sagen, hey, wir wollen jetzt einkaufen gehen. Auf dem Stuhl ist dann die Milchtüte, die den Stuhl als Trampolin benutzt. Wenn man Joghurt kaufen möchte, stellt man sich eben vor, dass die Kommode komplett aus Joghurt besteht.

Eine andere Methode ist die Geschichtentechnik. Da verknüpft man alle Details, die man sich merken möchte, zu einer Story. Beim Vokabellernen etwa. »Divano« heißt auf Italienisch »Sofa«. Da stelle ich mir eine Diva vor, die auf dem Sofa liegt und »No, no, no« singt. Je verrückter die Geschichte, desto besser merkt sie sich unser Hirn. Denn es liebt Außergewöhnliches, Neues.

Ich mag am Gedächtnissport, dass man seine kindliche Fantasie und Kreativität dadurch wiederentdeckt. Und ich fände es schön, wenn Kinder solche Techniken bereits in der Schule lernten. Das wäre viel effektiver als pures Auswendiglernen.

Niclas Huschenbeth ist Schachgroßmeister und einer der besten Schachspieler Deutschlands. 2010 gewann er die deutsche Meisterschaft als jüngster Spieler aller Zeiten. Gelernt hat er Schach, wie er sagt, »ganz klassisch vom Vater«, da war er vier Jahre alt. Heute bietet der gebürtige Niedersachse in seiner Onlineschachschule Chessence Schachkurse an.

»Die ›Schachnovelle‹ von Stefan Zweig habe ich zwar nie gelesen, aber ich weiß, dass der Protagonist darin ganze Schachpartien auswendig kennt. In Wirklichkeit hätte das für einen Schachspieler wenig Nutzen. Vom Weltmeister Magnus Carlsen wird gesagt, er habe eine Art fotografisches Gedächtnis. Aber ich glaube nicht, dass er ganze Partien auswendig weiß. Viel wichtiger ist es, auf Basis Tausender gesehener Stellungen Muster zu erkennen und intuitiv zu entscheiden.

Eines der spannendsten Felder im Profi-Schach ist im Moment die Eröffnungstheorie. Da geht es allerdings wirklich um pures Auswendiglernen. Man merkt sich die Anfangszüge und wie man auf diesen oder jenen Zug des Gegners am besten reagiert. Je tiefer man geht, desto mehr Möglichkeiten gibt es – und desto mehr muss man sich merken. Berühmte Eröffnungen haben oft lustige Namen, der ›Grand-Prix-Angriff‹ oder die ›königsindische Verteidigung‹ zum Beispiel. Das Ziel ist, den Gegner möglichst schnell unter Druck zu setzen. Ich studiere die Eröffnungen am Computer. Der gibt mir in jeder beliebigen Stellung den besten Zug an. Dann heißt es für mich, die Züge auswendig zu lernen.

Alle Profis versuchen, sich dieses Wissen in den Kopf zu stopfen, es ist eine Art Wettrüsten, das sich um die Frage dreht: Wer kann sich am meisten merken? Die Menge an Varianten ist unfassbar groß. Nach zwei Zügen gibt es theoretisch bereits mehr als 5000 mögliche Stellungen. Und wie unglaublich verästelt ist das Ganze nach dem 15. oder 20. Zug! Was mir hilft: Ich versuche, die Ideen hinter den Zügen zu verstehen. Warum möchte der Computer diesen oder jenen Zug spielen? Dann kann ich mir die Züge selbst herleiten und viel besser merken. Wie eine Art Anker. Lernt man stumpf auswendig, ist es viel schwieriger. Dazu wiederhole ich die Varianten mehrmals und teste sie in Blitzpartien. Da zeigt sich sofort: Was habe ich mir eigentlich gemerkt? Und wo habe ich noch Lücken?«

Anna Riedmann ist Cellistin und Musiklehrerin aus München. Sie spielt Cello seit ihrem achten Lebensjahr und hat an der Münchner Musikhoch-

schule studiert. Auf ihr Abschlusskonzert bereite-
te sie sich mehr als acht Monate lang vor. Viele
ihrer Stücke in dem einstündigen Soloprogramm
spielte sie auswendig.

»Ich versuche, ein Stück auf möglichst vielen Ebenen auswendig zu lernen. Zuallererst lerne ich die Melodie kennen. So, dass ich hinterher einen Ohrwurm davon habe, die Melodie mitsingen kann. Danach stelle ich mir die Noten vor meinem geistigen Auge vor. Ich sehe dann jeden Ton vor mir. Das braucht viel Zeit. Aber die visuelle Komponente ist wichtig. Ich erkenne in den Noten Muster, Dreiklänge, bestimmte Motive, die sich wiederholen. Ich versuche, ein System zu finden, wie der Komponist sich das vielleicht gedacht haben könnte. Meine Arme haben irgendwie auch ein Gedächtnis. Ich präge mir die Bewegungen zur Melodie ein. Wie führe ich die Bewegungen aus? Wie folgen sie aufeinander? Das ist wie eine Choreografie, die ich mir merke.

Ein Stück von Bach auswendig zu lernen – das ist schon ziemlich komplex. Da schaffe ich eine Seite in einer Woche. Der Anfang ist am schwersten. Die ersten zwei Tage komme ich extrem langsam voran. Irgendwann geht es dann ganz schnell.

Klar, ich kenne die Schreckmomente, in denen man auf der Bühne spielt und spielt und die Musik genießt und sich plötzlich fragt: O Gott, wie geht es jetzt eigentlich weiter? Deswegen versuche ich, Musik auf mehreren Ebenen auswendig zu lernen. Wenn ich mich zum Beispiel an die nächste Bewegung nicht mehr erinnere, sehe ich immer noch die Noten vor mir und habe die Melodie im Kopf – und weiß so, welchen Ton ich gleich spielen werde. Die drei Ebenen geben mir Sicherheit. Und die Banane, die ich immer eine Viertelstunde vor dem Auftritt esse. Es heißt, mit einer Banane im Magen ist das Nervensystem beschäftigt. Und hat keine Zeit, in Stress zu geraten.«

Das will gelernt sein

Mit diesen Techniken kann man neues Wissen leichter im Gedächtnis verankern.

Von Anne Otto

Anfangen

Platz im Kopf: Sich ein paar Minuten sammeln. Kaffee kochen und dann erst zum Schreibtisch gehen. Eine kurze Atemübung machen. Wer konzentriert etwas lernen will, tut gut daran, vorher zur Ruhe zu kommen. Denn Stress blockiert über psychische und hormonelle Prozesse die Aufnahmefähigkeit des Gehirns. Probieren Sie also aus, wie Sie am besten den Kopf frei bekommen – und etablieren Sie ein passendes Miniritual. Auf Dauer wird der Ruhemoment dann sogar eine Art Startzeichen fürs Lernen. Wichtig: Schalten Sie unbedingt das Smartphone und andere piepende Geräte aus. Schließen Sie die Zimmertür, damit Sie ungestört sind. Wenn äußerlich Unruhe herrscht, helfen die schönsten Techniken zur inneren Ruhe nichts.

Nicht zu viel: Beim Lernen ist es ein bisschen wie im Fitnessstudio – Ungeübte wählen häufig ein zu großes Pensum und überfordern sich. Wenn Sie gerade anfangen, eine Sprache zu lernen oder eine lernintensive Fortbildung zu machen, beherzigen Sie die alte Faustregel: lieber wenig, dafür regelmäßig lernen. Es ist effektiver, sich jeden Tag zehn Minuten lang zehn Vokabeln einzuprägen, als einmal in der Woche zwei Stunden lang 50 neue Wörter zu büffeln. Wichtig: Ohne Wiederholungen geht es nicht. Die Lerntrainerin Verena Steiner schreibt, dass man nach einmaligem Lernen bereits nach wenigen Tagen die Hälfte vergessen habe – und zwar selbst dann, wenn man das Thema brennend interessant findet. Jeder benötigt Übungsdurchläufe, bis neue Infos sitzen.

Stoff organisieren: Einfach irgendwo anfangen? Das ist nicht ratsam, wenn man sich ein neues Themengebiet erarbeiten will. Besser ist, sich zunächst einen Überblick zu verschaffen. Der Gedächtnistrainer Ulrich Bien rät etwa, zu Beginn nicht sofort ganze Bücher zu lesen, sondern Inhaltsverzeichnisse zu studieren. Auch Zusammenfassungen oder Wikipedia-Einträge helfen weiter. Oder betont vereinfachte Handbücher wie »Englisch für Dummies«. Mit diesen Hilfsmitteln können Sie den Stoff sichten und dann in lerngerechte Häppchen zerlegen. Wichtig: Setzen Sie sich konkrete, nicht zu große Ziele dafür, was Sie in einem halben Jahr geschafft haben wollen, und brechen Sie diesen Stoff auf ein Wochenpensum herunter.

Merken

Verbinden und verankern: Immer wenn es darum geht, Wörter, Fakten oder Namen stumpf zu lernen, hilft die »Schlüsselwortmethode«: Man nimmt ein unbekanntes Wort und seine Bedeutung und setzt ein bekanntes Wort als Verbindung dazwischen, baut also eine Eselsbrücke. Will man sich etwa das englische Verb »cough«, »husten«, merken, baut man das bekannte Wort »Kaff« dazwischen und kann einen Merksatz damit entwickeln: »Ich wohne in einem Kaff, da ist die Luft so schlecht, dass man permanent hustet.« Diese Miniassoziationskette stellt man sich dann noch möglichst bildlich vor. Suchen Sie dabei nach Sätzen, die Sie selbst griffig finden. Wichtig: Viele Menschen denken, es wäre zu zeitaufwendig, sich für jedes neue Wort gleich eine neue »Story« auszudenken. Das Gegenteil ist der Fall: Hat man erst mal einen guten Satz gefunden, verankert sich die Information so fest im Langzeitgedächtnis, dass man sich viele Wiederholungsrunden erspart.

Mit Gefühl lernen: Wer es schafft, Schlüsselwortsätze auch mit Emotionen aufzuladen, für den wird es noch leichter, Dinge zu behalten. Dass Emotionen beim Lernen helfen, kann man nicht nur fürs Auswendiglernen nutzen. Wichtig: Wenn Sie eine Sprache lernen, fangen Sie an, in der neuen Sprache über Themengebiete zu lesen, die Sie interessieren. Wenn Sie eine Fortbildung machen, beziehen Sie neues IT- oder Marketing-Wissen auf Inhalte, die Sie interessieren, egal ob Musik, Oldtimer oder Kochrezepte. So wird die Stimmung beim Lernen besser.

Vorwärts, rückwärts, seitwärts: Man kennt es vom Vokabellernen: Wer einen Begriff von Englisch nach Deutsch lernt, kann ihn noch lange nicht in die umgekehrte Richtung übersetzen. Deshalb bekommen Schüler oft den Rat, in beide Richtungen zu lernen. Das gilt letztlich für jede Art Faktenwissen: Je mehr verschiedene Vernetzungen entstehen, desto fester wird das neue Wissen im Gehirn angedockt. Wichtig: Es hilft oft, die Reihenfolge beim Lernen zu ändern. Fragen Sie Vokabeln durcheinander ab. Oder üben Sie erst alle Bundesländer nach dem Alphabet und dann von Nord nach Süd mithilfe einer Karte. So können Sie verschiedene Netzwerkpunkte besetzen, und die Wahrscheinlichkeit, sich richtig zu erinnern, wird immer größer.

Zusätzliche Hilfen

Mit Zettel und Stift: Wer etwas Neues lernt, muss kein Kopfakrobat sein. Beim Einprägen neuer Fakten und Fremdwörter hilft es, immer wieder Begriffe aufzuschreiben oder kleine Zeichnungen zu machen, das Wissen prägt sich über die visuelle und motorische Komponente besser ein. Wichtig: Der Zusammenhang von Lernen und Schreiben gilt für handschriftliche Notizen. Beim Tippen am Computer ist der Effekt weniger ausgeprägt.

Mehr Stille: Musik hören beim Lernen? Das machen viele Leute gern. Eine Studie der University of Wales legt allerdings nahe, dass es sich hier um eine ungünstige Angewohnheit handelt. Probanden, die bei Hintergrundmusik lernten, konnten sich viel weniger neue Infos merken als solche, die ohne Berieselung arbeiteten. Wichtig: Vor dem Lernen kann es ein gutes Ritual sein, ein Musikstück oder einen Song zu hören.

Darüber reden: Sie haben etwas Neues gelernt und wollen es behalten? Dann erzählen Sie anderen davon. Ob es um naturwissenschaftliche Zusammenhänge oder eine Filmhandlung geht, wenn man anderen davon berichtet, merkt man, was die wesentlichen Punkte des Themas sind, und strukturiert das Wissen beim Reden noch einmal sinnvoller, außerdem prägt man es sich besser ein. Sobald Sie also jemanden finden, der zuhört, probieren Sie es aus. Wichtig: Auch halblautes oder lautes Üben kann das Einprägen erleichtern. Es ist also durchaus erlaubt, beim Lernen vor sich hin zu murmeln oder laut zu sprechen.

Langfristig lernen

Dranbleiben: Wie lange können Sie sich auf eine geistige Arbeit einlassen, ohne abzuschweifen? Falls es nur 10 oder 15 Minuten sind, könnte es sein, dass Ihnen zum effektiven Lernen die Konzentration fehlt. Aber keine Sorge: Man kann sie trainieren. Der Gedächtnistrainer Ulrich Bien rät, zur Konzentrationssteigerung immer wieder möglichst lange am Stück zu lesen, egal ob Romane oder Sachbücher. Die Art der Aufmerksamkeit, die beim Lesen benötigt wird, stärkt generell die Konzentrationsfähigkeit, ohne dass man sich zu sehr anstrengen muss. Wichtig: Eine Aufmerksamkeitsspanne von 45 Minuten gilt als gut. Danach passt es, mal eine kurze Pause zu machen.

Lernen im Biorhythmus: Wir sind nicht den ganzen Tag gleichermaßen lernfähig. Für Neues sind die meisten Menschen morgens bis zum frühen Mittag aufnahmefähig, danach gibt es ein mehrstündiges Tief, in dem das Gedächtnis nicht auf Zack ist. Gegen vier oder fünf Uhr am Nachmittag folgt ein zweites Konzentrationshoch. Besonders fürs Faktenlernen oder Vokabelpauken sollte man in diesen Zeitfenstern bleiben. Wichtig: Menschen, die auch in den späten Abendstunden sehr gut lernen können, sind Ausnahmen. Allen anderen sei geraten, über Nacht Pause zu machen. Studien belegen, dass im Schlaf das tagsüber Gelernte ins Langzeitgedächtnis übergeht.

Ausprobieren, was wirkt: Neben simplen Tricks wie Eselsbrücken stellen Gedächtnistrainer oft komplexe Merktechniken vor, die entweder mit Zahlen, Visualisierungen oder Wörtern arbeiten. Doch das sind keine Patentrezepte, sondern Systeme, die bei unterschiedlichen Menschen unterschiedlich gut wirken. Überlegen Sie deshalb grundsätzlich, welche Kanäle – Sehen, Hören, Zeichnen, Zahlen, Wörter, Symbole – für Sie zum Lernen taugen, und suchen Sie sich eine für Sie passende Merktechnik aus. Wichtig: Manchen Menschen hilft es, sich an die Lerntricks zu erinnern, die in Schule oder Studium geholfen haben.

Memory des Lebens

Ob Sie schon alles tun, um Gehirn und Gedächtnis fit und gesund zu halten, zeigen Ihnen die folgenden Checklisten.

Wie man Zähne pflegt, wissen wir. Doch wie kann man sein Gedächtnis pflegen? Übliche Gehirnjogging-Aufgaben helfen dabei kaum. Wer sein Gedächtnis gesund halten will, kann trotzdem in vielen Bereichen aktiv werden. »Die Vielfalt der Herausforderungen ist wichtig«, sagt der Kognitionspsychologe Hans Markowitsch, emeritierter Professor für Physiologische Psychologie. »Die grauen Zellen kann man auf der körperlichen, kognitiven, sozialen und emotionalen Ebene stärken.« Lernaufgaben spielen dabei ebenso eine Rolle wie körperliche Aktivität, Austausch mit anderen und emotionale Zufriedenheit. Im Grunde geht es darum, die Gedächtnispflege in den Alltag einzubauen.

Mit den Checklisten können Sie herausfinden, in welchen Bereichen Sie bereits gehirngesund leben und wo Sie etwas verbessern könnten. Und Sie erhalten Tipps, die Sie in Ihren Tagesablauf integrieren können.

Aufgabe

Beantworten Sie die Aussagen auf den folgenden Listen mit »Ja« oder »Nein«. Wenn Sie sich nicht sicher sind, wählen Sie die Antwort, die eher passt. Zählen Sie alle »Ja«-Antworten zusammen, notieren Sie die Zahl im Extrakästchen.

1

Ja Nein

Ich esse viel Obst und Gemüse, drei bis fünf Portionen am Tag.

Ein Speiseplan mit Mittelmeerkost, also mit Olivenöl, viel Gemüse und/oder Fisch, ist bei mir eher die Regel als die Ausnahme.

Ja Nein

Fettes Fleisch, Würstchen, Fast Food esse ich in Maßen (oder gar nicht), jedenfalls nicht mehr als zweimal pro Woche.

Ich habe weniger als fünf Kilogramm Übergewicht.

Zwischendurch Süßigkeiten, Snacks und Chips essen – klar gönne ich mir das manchmal. Aber nicht jeden Tag.

Ergebnis: _____ x **Ja**

2

Ich kann abends oft schlecht abschalten.

Beim Arbeiten fühle ich mich häufig unter Druck und fürchte, Aufgaben nicht rechtzeitig fertig zu bekommen.

Andere beschreiben mich als Menschen, der viel grübelt und sich mehr Gedanken macht als nötig.

Einen Burn-out habe ich nicht. Aber erschöpft bin ich schon oft.

Ja   Nein

Kleine Auszeiten und schöne Freizeitaktivitäten erlebe ich in meinem Alltag gelegentlich – aber nicht regelmäßig.

Ergebnis: _____ x **Ja**

3

Ich lerne gerade eine Fremdsprache oder etwas anderes Neues, bei dem ich mir Fakten merken muss (Segelschein, IT-Schulung, Musikinstrument).

Ich lese gern und viel: Zeitungen, Romane und Sachbücher.

Lange Gespräche, bei denen ich mir viele Einzelheiten und Fakten merken muss, mag ich gern – und führe sie oft.

Wenn ich mich geistig beschäftige, kann ich mich eine halbe Stunde oder länger konzentrieren.

Andere bezeichnen mich als neugierig, interessiert oder wissbegierig.

Ergebnis: _____ x **Ja**

4

| | Ja | Nein |

Ich schätze, dass ich täglich 5000 Schritte (das entspricht etwa einem 40-minütigen Spaziergang) oder mehr gehe.

Im Alltag bin ich gern aktiv, steige auch mal Treppen, erledige Botengänge zu Fuß, mache Hausarbeit schwungvoll.

Joggen, Fitnesstraining, Yoga – einen regelmäßigen Sport mache ich wenigstens einmal pro Woche.

Ich fahre beinahe täglich Rad.

Andere sehen mich als sportlichen und/oder aktiven Menschen.

Ergebnis: _____ x **Ja**

5

Klar habe ich auch mal schlechte Tage. Meistens fühle ich mich aber in meinem Leben und mit meiner Situation wohl.

Ja Nein

Im Alltag gibt es mehr Dinge, über die ich mich freue, als solche, auf die ich traurig oder ärgerlich reagiere.

Ich würde bisher trotz allem sagen: Das Leben ist schön.

Andere beschreiben mich als zuversichtlich und/ oder als häufig gut gelaunt.

Auch in schweren Zeiten erlebe ich immer mal wieder positive Momente.

Ergebnis: _____ x **Ja**

6

In meinem Leben gibt es enge Bezugspersonen, etwa Partner, Mitbewohner, Kinder, enge Freunde, mit denen ich täglich oder beinahe täglich zu tun habe.

Zwischendurch mal mit Nachbarn, Bekannten oder dem Verkäufer beim Bäcker reden – das mache ich immer wieder.

Ja Nein

Ich habe regelmäßig persönliche Gespräche mit anderen, etwa über private Sorgen, Ideen, politische Entwicklungen.

Es gibt eine Handvoll Menschen, die ich liebe und von denen ich mich geliebt fühle.

Ich lerne ab und zu neue Menschen kennen und baue auch neue Kontakte auf.

Ergebnis: _____ x **Ja**

7

In meinem Berufsleben fühle ich mich ausreichend und meinen Fähigkeiten entsprechend gefordert.

Für gerade anstehende Vorhaben, etwa Reisen oder berufliche Veränderungen, werde ich einiges dazulernen müssen.

Ich kann mir vorstellen, auch übers Rentenalter hinaus aktiv zu sein – in Teilzeit oder mit einem Ehrenamt.

Ja Nein

Ich lege Wert darauf, im Leben immer wieder
Neues zu lernen.

Andere beschreiben mich als jemanden, der sich
selbst in einem gesunden Maß fordert.

Ergebnis: _____ x Ja

Auswertung

1   Ernährung

Das optimale Futter für die grauen Zellen gibt es tatsächlich. Wenn Sie in dieser Checkliste dreimal oder häufiger mit »Ja« geantwortet haben, ernähren Sie sich wahrscheinlich bereits so, dass es Ihre Gehirngesundheit erhält oder verbessert. Günstig ist vor allem eine mediterrane Kost mit viel Grünzeug, Pflanzenölen und gegebenenfalls Fisch, die das Gehirn unter anderem mit hochwertigen Proteinen und Omega-Fettsäuren sowie Antioxidantien versorgt. Umgekehrt schaden Burger, Pommes, Süßkram und natürlich zu viel Alkohol auf Dauer der Merkfähigkeit. Haben Sie in dieser Checkliste **weniger als dreimal »Ja« angekreuzt**, könnte es sich also lohnen, etwas mehr Lebensmittel auf den Speiseplan zu nehmen, die als gutes Hirnfutter gelten. Dazu gehören Himbeeren, Lachs, Walnüsse, Mandeln, Chili, Hering, Bitterschokolade, Petersilie, Tomaten. Zusätzlich können Sie auch versuchen, sehr fette oder süße Speisen gelegentlich durch gesunde zu ersetzen. Wichtig ist, dass Ihnen die gesunden Sachen schmecken. Wer sich quält, macht etwas falsch. Beobachten Sie, wo Ihnen eine Veränderung leichtfällt – und fangen Sie dort an.

Tipp: Neue Studien belegen, dass nicht nur Lebensmittel, sondern auch Essgewohnheiten das Gedächtnis beeinflussen. Wer wenig zwischendurch isst und täglich einen festen Rhythmus aus

> Essenszeiten und Esspausen einhält, der tut offenbar auch dem Gehirn Gutes – denn Minifastenzeiten regen günstige Stoffwechselprozesse in den Hirnzellen an. Unregelmäßiges oder permanentes Essen ist dagegen schädlich.

Innere Ruhe

Falls Sie in dieser Liste **dreimal oder häufiger mit »Ja« geantwortet** haben, stehen Sie in Ihrem Alltag wahrscheinlich oft unter Druck. Derartiger Dauerstress hat Einfluss auf das Gedächtnis. Denn wenn die Konzentration des Stresshormons Cortisol im Blut dauerhaft erhöht ist, führt das nicht nur akut zu Fahrigkeit und Verschlechterung der Merkfähigkeit, auch chronische Degenerationsprozesse im Gehirn werden begünstigt. Massiver und dauerhafter Stress über Jahre kann im Hippocampus – einer Hirnregion, die primär für Merkfähigkeit und Erinnerung zuständig ist – die grauen Zellen in ihrer Arbeit beeinträchtigen und sogar die Neubildung von Nervenzellen verhindern. Das klingt dramatisch, muss Sie aber nicht erschrecken: Denn so einer Entwicklung kann man oft bereits entgegenwirken, wenn man sein Leben etwas entspannter gestaltet. Es könnte also für Ihr Gedächtnis hilfreich sein, sich bei der Arbeit mehr Pausen zu schaffen, Puffer zwischen Terminen einzubauen und Freizeitaktivitäten mehr Raum zu geben. Auch kurze Meditations- oder Yogaübungen helfen beim Stressabbau und schützen nicht nur die Nerven, sondern auch das Gehirn. Kleine Veränderungen genügen oft schon, um Druck abzubauen.

Falls Sie in dieser Liste weniger als zweimal mit »Ja« geantwortet haben, sind Sie bereits recht gelassen und entspannt. Bleiben Sie dabei!

Tipp: Meditation im Liegen oder Sitzen ist für viele »hochtourige« Menschen unmöglich. Für Gestresste eignet sich daher eine kurze Gehmeditation: Stellen Sie sich in den größten Raum Ihrer Wohnung, und gehen Sie dort fünfmal von einer Ecke zur anderen und zurück. Gehen Sie langsam, achten Sie bewusst auf Ihren Atem und darauf, wie Ihre Füße abrollen. Diese Übung können Sie erweitern: Verlegen Sie die Gehmeditation nach draußen, oder schalten Sie bei Routinefußwegen in den »Meditationsmodus«.

 ## Lernen und Herausforderungen

Haben Sie auf dieser Liste **dreimal oder häufiger »Ja« angekreuzt?** Dann ist das ein Hinweis darauf, dass Sie Ihr Gehirn bereits optimal mit Aufgaben und Informationen füttern – und es so fit halten. Haben Sie zweimal oder weniger mit »Ja« geantwortet, kann das dagegen darauf hindeuten, dass Sie vor neuen Lernaufgaben eher zurückschrecken. Ob es daran liegt, dass Sie in Schule oder Ausbildung eher negative Lernerfahrungen gemacht haben, oder ob Sie einfach nicht sehr wissbegierig sind, ist nebensächlich. Für die Gedächtnisleistung wäre es günstig, sich häufiger in neue Lernfelder vorzuwagen. Wählen Sie dabei entweder einen »Stoff«, der Sie näher an ein Ziel bringt (etwa »Ich lerne Spanisch, weil ich es beruflich brauche«); oder stürzen Sie sich auf einen Bereich, der Sie schon immer brennend interessiert hat (etwa »Ich würde so gern Klavier spielen«). Um Ihr Gehirn zu trainieren, sollten Sie sich jedenfalls nicht schinden.

Wichtig: Falls Sie Sudokus mögen oder Gedächtnistraining-Apps nutzen, machen Sie sich klar, dass diese zwar Spaß machen, für die Gedächtnispflege aber nicht viel bringen. Komplexere Lerninhalte, wie man sie bei Fremdsprachen oder in einer fachlichen Weiterbildung verarbeitet, trainieren das Gedächtnis umfassender: Die Vernetzung der Nervenzellen wird stärker angeregt als bei den vergleichsweise simplen Gehirnjogging-Aufgaben.

Tipp: Beiläufiges Lernen in einer inspirierenden Umgebung kann die Vernetzung von Nervenzellen und damit eine Stärkung des Gedächtnisses ebenfalls begünstigen. Wer sich zu einem Malkurs anmeldet, den Führerschein macht, ins Naturkundemuseum geht, eine Städtereise un-

ternimmt, sieht und hört viel Neues, lernt automatisch dazu, beansprucht seine Merkfähigkeit.
Für Lernmuffel kann dieses Nebenbeilernen ein
guter Weg sein.

Körperliche Aktivität

Sie sind vermutlich ein Bewegungstyp, wenn Sie bei dieser
Checkliste **zweimal oder öfter mit »Ja« geantwortet** haben. Das ist gut. Denn Alters- und Gedächtnisforscher sind
sich heute einig, dass körperliche Aktivität die weitaus beste Prävention für Gehirn- und Gedächtnisabbau darstellt –
und sogar ein Schutzfaktor gegen manche Demenz sein kann.
Bewegung und Sport wirken dabei gleich auf mehreren Ka-
nälen: Zum einen steigt die Hirndurchblutung, es entstehen
optimale Bedingungen für die grauen Zellen. Mit der Zeit
bilden sich im Gehirn auch zusätzliche kleine Blutgefäße, die
Hirnzellen sind dann generell besser versorgt. Darüber hinaus werden bei körperlicher Aktivität auch vermehrt Hor-
mone und Neurotransmitter wie Dopamin ausgeschüttet, die
das Nervenzellwachstum und die Vernetzung anregen. Ein
Übriges tun freigesetzte Endorphine – körpereigene Opia-
te –, die für Wohlgefühl und gute Laune sorgen.

Falls Sie hier also nur wenige Male »Ja« angekreuzt haben,
könnten Sie darüber nachdenken, ob es für Sie machbar ist,
sich etwas mehr zu bewegen. Wer es schafft, dreimal pro Wo-

che eine halbe Stunde stramm zu gehen, Rad zu fahren oder zu joggen, oder wer täglich 4000 Schritte spaziert, sorgt für mehr Gehirngesundheit. Besonders bei Menschen, die älter als sechzig sind, reicht dieses überschaubare Pensum – doch auch viele Jüngere profitieren schon davon.

> **Tipp:** Eine neue Studie zeigt, dass Tanzen eine besonders gute Sportart für die Gehirngesundheit ist, natürlich auch weil dort viel komplexe Koordination gefragt ist. Wer eine Affinität zu Musik und Tanz hat, könnte das also nutzen. Besonders Paartanz scheint effektiv zu sein.

5   Freude und Zuversicht

Wenn Sie an dieser Stelle **dreimal oder häufiger »Ja« angekreuzt** haben, dann fühlen Sie sich im Alltag wahrscheinlich häufiger wohl als unwohl. Darum werden viele Menschen Sie beneiden. Diese grundsätzliche Zufriedenheit kann verschiedene Ausprägungen haben: Ob Sie fröhlich oder optimistisch sind, Ihr Leben als besonders sinnvoll erleben oder ein Hedonist sind, der jeden Tag auskostet, ist dabei nicht entscheidend. Für die Gehirngesundheit ist es generell günstig, wenn man oft leicht positiv gestimmt ist und sich wohlfühlt.

Das heißt nicht, dass man sich zu Euphorie zwingen muss, wenn man eher grüblerisch oder gerade genervt ist. Wenn Sie auf dieser Checkliste weniger als zweimal mit »Ja« geantwortet haben, bietet sich lediglich die Frage an, wie es Ihnen gelingen könnte, sich häufiger als bisher im Alltag wohlzufühlen. Vielen Menschen helfen in diesem Fall Dankbarkeitstagebücher: Wer jeden Tag drei Dinge aufschreibt, die gut waren und für die er dankbar ist, rückt seinen inneren Fokus automatisch mehr auf die positiven Seiten des Lebens. Beim Schreiben kann man versuchen, die positiven Gefühle noch einmal möglichst genau zu spüren und zu speichern.

Tipp: Manche depressiven Episoden und Erkrankungen können mit einer verminderten Merkfähigkeit einhergehen. Vor allem bei etwas älteren Menschen, die gerade einen Schicksalsschlag erlitten haben, stellt sich deshalb immer auch die Frage, ob die »Schusseligkeit« oder eine handfeste Vergesslichkeit nicht auch mit einer Depression zusammenhängen könnte. Für den Fall, dass Sie in dieser Liste gar nicht mit »Ja« geantwortet haben und sich zugleich häufig zerstreut fühlen, kann es sinnvoll sein, sich mehr über das Thema Depression zu informieren.

6   Soziale Kontakte

Für die Pflege des Gedächtnisses ist der Kontakt zu anderen wichtiger, als man glaubt. Denn auf ein Gegenüber einzugehen, zuzuhören, selbst zu erzählen und so sinnvolle Gespräche zu führen – das ist eine komplexe Denk- und Gedächtnisleistung. Wenn Sie in dieser Checkliste **dreimal oder öfter mit »Ja« geantwortet** haben, ist der soziale Austausch für Sie bereits ein gutes Gehirntraining. Machen Sie in dem Fall einfach weiter wie bisher. Wenn Sie in dieser Liste eher selten »Ja« gesagt haben, könnten Sie sozialen Kontakten wieder mehr Raum geben. Für Jüngere und Menschen in der Lebensmitte ist das meist einfach – der Alltag bietet in Job, Familie oder Bekanntenkreis viele Möglichkeiten, Beziehungen aufzubauen. Vor allem ab dem Alter von siebzig Jahren nimmt die Anzahl der Bezugspersonen und der alltäglichen Kontakte aber nachweislich ab.

Falls Sie eine solche Abnahme von Kontakt in Ihrem Leben bemerken, sind Sie also in guter Gesellschaft. Mit diesem Wissen im Hinterkopf ist es leichter, wieder mit mehr Mut und Sorgfalt auf andere zuzugehen. Sie können alte Freundschaften beleben, Bekannte einladen, telefonieren oder sich in der Nachbarschaft oder einem Verein engagieren und so neue Freunde finden.

Tipp: Nicht für jeden Menschen bedeutet sozialer Kontakt automatisch Zusammensitzen und Reden. Auch gemeinsames Spielen, Trainieren oder Musizieren – sei es Schach, Bridge, Tennis, Improvisationstheater oder eine Brassband – sind kraftvolle soziale Momente, bei denen wir uns mit anderen verbunden fühlen und in komplexe Interaktionen treten. Wenn Ihnen das mehr liegt, nur zu.

Lebensstil und Lebensplanung

Gestalten Sie Ihr Leben so, dass es Sie ausreichend fordert? Wenn Sie **dreimal oder häufiger »Ja« angekreuzt** haben, gehen Sie aktuelle Lebensaufgaben und Zukunftspläne so aktiv an, dass es für Ihre Gehirngesundheit und Ihr Gedächtnis von Vorteil ist. Altersforscher weisen stets darauf hin, wie wichtig es ist, sich schon in den mittleren Lebensjahren immer wieder bewusst mit neuen Aufgaben und Erfahrungen zu konfrontieren. Entscheidend ist aber eine realistische Planung fürs höhere Alter: Wer »auf die Rente wartet« oder diese als eine immerwährende Pause ansieht, hat wahrscheinlich eine ungesunde Vorstellung von den späten Jahren. Für ein gutes Gedächtnis ist es wichtig, sich lebenslang einzubringen – je nach den Möglichkeiten der Lebensphase. Für alle über fünfzig könnte dieser Check Anlass sein, eine passende Idee zu finden fürs Leben im Alter – oft hilft es, mit Menschen zu sprechen, die diese Phase bereits sinnvoll gestalten.

Falls diese Jahre für Sie noch sehr weit weg erscheinen, könnten Sie sich stattdessen fragen, wo Sie sich in Zukunft mehr fordern – und wo Sie sich heute zwar »abrackern«, aber wenig Neues dazulernen. Diese Reflexion lohnt besonders, wenn Sie auf dieser Liste zweimal oder seltener mit »Ja« geantwortet haben.

Tipp: Konzentrieren Sie sich in den nächsten Monaten bewusst auf einen Lebensbereich, der bisher unterrepräsentiert oder unerfüllt war, und sammeln Sie dort neue Erfahrungen. Das hält Sie aktiv und macht Sie auf Dauer vielleicht sogar zufriedener. Alles Faktoren, die das Gedächtnis pflegen.

Wegweiser

Sie haben nun herausgefunden, in welchen Lebensbereichen Sie schon viel für Ihre Gehirngesundheit und Ihr Gedächtnis tun und wo Sie noch etwas verändern könnten. Im Coaching auf den nächsten Seiten stellen wir Ihnen einige praktische Übungen dafür vor.

COACHING

Merkfähigkeit trainieren

Sie wollen sich Dinge besser merken? Fitter und schneller im Kopf werden? Hier lernen Sie, Ihr Gedächtnis auf eine ganzheitliche Weise zu fördern und gesund zu halten. Dabei helfen oft bereits kleine Veränderungen im Alltag.

Dauer

Wie lange Sie sich idealerweise mit Gehirngesundheit beschäftigen, hängt von Ihrem Alter ab. Für ältere Menschen ist das Thema zentral, gründliche Veränderungen sind ratsam, sodass Sie das Coaching am besten auf sechs bis acht Wochen ausdehnen. Jüngere, die in das Thema aus Neugier reingucken, können es in drei Wochen schaffen und sich eine Handvoll Anregungen mitnehmen.

Schritt 1: Kontakte aktivieren

Gedächtnisforscher sind sich einig, dass nichts die grauen Zellen so auf Touren bringt wie ein offenes und aufmerksames Gespräch mit anderen. Es hebt einerseits die Stimmung. Andererseits sind Unterhaltungen mit anderen auch eine komplexe kognitive Leistung. Das unterschätzen wir häufig. Hier nutzen Sie die positive Wirkung der sozialen Kontakte.

Die vorgestellten Übungen setzen an Ihrem Alltag an. Sie fördern gezielt den aufmerksamen Kontakt mit anderen. Sie können zwischen einer Übung für »Anfänger« und für »Fortgeschrittene« wählen – je nachdem, ob Sie in Sachen Kommunikation zu den Zurückgenommenen oder zu den Könnern gehören.

Übung: Für Anfänger

Geben Sie sich einen Ruck, und rufen Sie im Laufe der nächsten Tage drei Bekannte oder Freunde an, die Sie schon länger sprechen wollten. Machen Sie eine Liste mit fünf Namen, und suchen Sie spontan aus, auf welches Gespräch Sie Lust haben. Vorsicht: Der erste Anruf ist manchmal schwer, gerade wenn man ein paar Wochen oder Monate keinen Kontakt hatte. Also: Melden Sie sich kurz, plaudern Sie fünf bis zehn Minuten darüber, was es Neues gibt, oder verabreden Sie sich per Telefon. Wichtig: SMS, WhatsApp und andere Arten der virtuellen Kommunikation sind bei diesen drei Kontaktaufnahmen nicht erlaubt. Sie haben keinen aktiven Trainingseffekt fürs Gedächtnis.

Übung: Für Fortgeschrittene

Im Alltag machen wir viel Small Talk, tauschen Floskeln übers Wetter, die Arbeit, die Familie aus. Führen Sie in dieser Woche eine Unterhaltung mit einer Person aus dem Bekannten- oder Freundeskreis, auf die Sie sich zehn bis fünfzehn Minuten lang voll konzentrieren. Fragen Sie die Person, wie es ihr geht. Gehen Sie auf Sorgen, Neuigkeiten oder Probleme ein. Oder interessieren Sie sich – ebenfalls durch gezieltes Fragen – für ein bestimmtes Hobby oder Interesse, das diese Person pflegt. Versuchen Sie auch, eigene Erfahrungen zum Thema einzubringen. Eine solche konzentrierte, aktive und ergebnisoffene Unterhaltung schafft Vernetzungen im Gehirn – und ist ein perfektes Training für die grauen Zellen.

Reflexion

Wie war es, gezielt soziale Kontakte zu initiieren? Fühlten Sie sich dadurch wacher, frischer und konzentrierter als sonst? Oder gab es keinen Unterschied? In den Übungen dieses Coachings geht es um unterschiedliche Lebensbereiche. Falls Sie ein Kontaktmuffel sind und Ihnen die Übungen in diesem Schritt eher schwerfallen, verzagen Sie nicht! Es wird noch andere Aufgabenschwerpunkte geben, die Ihnen eher liegen. Dennoch: Probieren Sie es aus!

Schritt 2: Mehr Zuversicht üben

Die Stimmung, in der wir den Tag verbringen, wirkt sich auf die Gehirnleistung aus. Für ein gutes Gedächtnis ist es entscheidend, sich möglichst häufig froh und leicht positiv gestimmt zu fühlen. Es gibt eine Reihe von Übungen, die dabei helfen können, vorhandene positive Gefühle zu verstärken. Darum geht es in diesem Schritt. Es gibt eine Übung für eher Unbeschwerte und eine für eher Belastete.

Übung 1: Für Unbeschwerte

Nutzen Sie Ihre positive Stimmung konkret für eine bessere Lern- und Merkfähigkeit. Wählen Sie eine Situation aus, in der Sie etwas »in den Kopf bekommen wollen«, egal ob bei der Arbeit oder beim Vokabellernen. Nutzen Sie nun gezielt die fünf Minuten vor der Lernzeit, um Ihre gute Stimmung noch mehr in den Vordergrund zu holen. Dabei helfen zwei Schritte:

Schritt eins: Machen Sie mit ein paar Handgriffen Ihren Arbeitsplatz schön, schaffen Sie eine gute Lernatmosphäre: Kochen Sie einen Tee, räumen Sie die Tischplatte auf, spitzen Sie einen Bleistift. Freuen Sie sich daran, dass der Platz, an dem Sie lernen, gut vorbereitet ist.

Schritt zwei: Wenn Sie dann am Schreibtisch sitzen, halten Sie noch einmal eine halbe Minute inne. Atmen Sie einige Male ruhig ein und aus, und spüren Sie bewusst Ihre gute Stimmung oder Ihre Zuversicht, die Ihnen ohnehin vertraut ist. Fangen Sie danach mit dem Lernen an.

Wiederholen Sie diese Art des Einstiegs ins Arbeiten oder Lernen in den nächsten Tagen möglichst dreimal. Was ändert sich, wenn Sie in positiver Grundstimmung lernen?

Übung 2: Für Belastete

Wer niedergeschlagen oder schlapp ist, sieht überall das Negative. Das ist normal. Dennoch gehen durch die verzerrte Wahrnehmung die schönen Aspekte des Alltags schnell verloren. Eine Übung aus der Positiven Psychologie hilft, angenehme Gefühle zu verstärken. Beantworten Sie dazu drei Fragen:

- Was war heute der schönste Moment?
- An welchen Tag im vergangenen Jahr erinnere ich mich gern?
- Woran habe ich seit Jahren immer wieder Freude?

Wichtig: Wiederholen Sie die drei Fragen alle paar Tage. Dann erkennen Sie noch genauer, was Ihnen Freude macht.

Sie werden dann beispielsweise sehen, dass bei den Antworten Doppelungen auftreten. Diese zeigen wahrscheinlich, welche Menschen, Dinge und Situationen für Sie besonders wichtig sind. Richten Sie sich danach. Und: Denken Sie auch im Alltag gelegentlich an die positiven Punkte, die Sie aufgeschrieben haben. Das hilft dabei, sich zwischendurch kurz rundum wohlzufühlen.

Schritt 3: Mehr schreiben, mehr lesen

Es gibt Tätigkeiten, die das Gedächtnis mehr schulen als andere. Aktives Lesen gehört dazu, ebenso das Aufschreiben oder Erzählen von Geschichten aus der Erinnerung. In diesem Schritt lernen Sie ein paar gedächtnisaktivierende Techniken kennen, die auch ein bisschen Spaß machen.

Werkzeug: Für Bücherfreunde

Holen Sie bei Gelegenheit den Roman oder das Sachbuch hervor, in dem Sie gerade schmökern. Nehmen Sie nun zusätzlich einen Stift zur Hand. Fangen Sie an zu lesen, und unterstreichen Sie Sätze, die wichtig sind und die Kernthesen eines Abschnitts zusammenfassen. Machen Sie sich Stichworte zu Hauptthemen am Rand. Nach etwa vier Seiten bei Sachbüchern und etwa acht Seiten bei Romanen machen Sie eine Pause. Versuchen Sie, im Stillen zu rekapitulieren, was die wichtigsten Punkte dieses Abschnitts waren. Dann lesen Sie noch zwei weitere Abschnitte auf dieselbe Weise. Diese Art des aktiven Lesens festigt erwiesenermaßen Inhalte aus Büchern im Gehirn – und schult es. Wiederholen Sie diese Art des Lesens in den nächsten Tagen immer mal wieder, idealerweise dreimal pro Woche. Und: Wenn Sie die Gelegenheit haben, erzählen Sie Ihrem Partner oder einem Freund von den Inhalten und Thesen des Buches, das Sie gerade lesen.

Reflexion

Wie hat es geklappt? Was war beim Erinnern und Erzählen von den neuen Inhalten anders als sonst? Konnten Sie sich Inhalte besser merken?

Werkzeug: Für Erzähler

Sie erzählen gern Geschichten? Dann los. Suchen Sie sich entweder eine Person, der Sie eine erinnerungsreiche Geschichte erzählen dürfen, oder – für den Anfang ist das einfacher – schreiben Sie eine Erinnerung möglichst präzise auf. Das Thema ist »Meine erste eigene Wohnung«. Unten haben Sie Platz, Notizen zu machen, wie es in Ihrer ersten Wohnung oder Ihrem ersten Haus aussah. Beschreiben Sie Möbel, Bilder, Lage, überlegen Sie, wie Badezimmer, Schlafzimmer, Küche eingerichtet waren. Welche Gegenstände waren wichtig? Was war eine Lieblingsecke? Schreiben Sie los. Oder erzählen Sie (ohne sich unterbrechen zu lassen). Versuchen Sie, sich so detailliert wie möglich zu erinnern. Forschen Sie in vergrabenen Erinnerungen. Sie werden sich wundern, wie viele Kleinigkeiten Ihnen einfallen, an die Sie lange nicht gedacht haben, wenn Sie den Faden aufgenommen haben. Erinnern trainiert das Gedächtnis nicht so effektiv wie das Lernen neuer Informationen, doch es verstärkt bereits bestehende »Gedächtnisbahnen«.

Anregung: Wiederholen Sie die Übung in den kommenden Tagen mehrere Male. Themen für Erinnerungen wären beispielsweise »Ein Ausflugstag in meiner Kindheit«, »Mein erster Arbeitsplatz« oder »Meine erste Begegnung mit einem engen Freund / einer engen Freundin«.

4 Schritt 4: Schlauer essen

Gibt es das richtige Futter für die grauen Zellen? Bis zu einem bestimmten Punkt: ja. Denn manche Ernährungsgewohnheiten führen dazu, dass sich im Gehirn neue Nervenzellen bilden können und die vorhandenen Zellen besonders gut arbeiten. Neurowissenschaftler haben mittlerweile eine Reihe von Nährstoffen gefunden, die dem Gedächtnis auf die Sprünge helfen. Wir stellen hier einige vor.

Klärung: Welche Lebensmittel und Gerichte setzen Sie am besten auf Ihren Speiseplan, wenn Sie Ihre Merkfähigkeit verbessern wollen? Diese Frage lässt sich unterschiedlich beantworten, je nachdem, ob Sie zu den ernährungsbewussten Menschen oder zu den Schlemmern gehören, denen zu viel Einschränkung beim Essen zuwider ist. Wählen Sie also gern aus, welche Aufgabe besser zu Ihnen und Ihren Essgewohnheiten passt.

Übung 1: Für Ernährungsbewusste

Hier finden Sie eine Liste mit Lebensmitteln, die eine positive Wirkung auf Gehirn und Gedächtnisleistung haben. Versuchen Sie, in der kommenden Woche mindestens an drei Tagen einen Speiseplan zusammenzustellen, der möglichst viele dieser Zutaten enthält. Kaufen Sie dafür im Vorfeld gezielt ein. Aber nur Sachen, die Ihnen auch schmecken!

• Äpfel, Pflaumen, blaue Trauben, Himbeeren, Heidelbeeren

- Erdnüsse, Walnüsse, Haselnüsse
- Petersilie, Curry oder Kurkuma, Chili
- Hering, Lachs, Makrele
- Pflanzenöle wie Oliven- oder Traubenkernöl

Sie können auch ohne große Planung gleich mit kleinen Verbesserungen beginnen. Streuen Sie einfach in Ihre ohnehin gesunden Gerichte und Snacks ein paar dieser Zutaten ein. Sie können diese Art Nahrungsergänzung gern über das weitere Coaching beibehalten. Halten Sie hier Ihre fünf Favoriten der Gedächtnisfutter-Liste fest:

Fasten

Hunger ist gut für die grauen Zellen. Wer es schafft, auf das Zwischendurchessen zu verzichten oder eine Mahlzeit am Tag wegzulassen, tut mit solchen Minifastenzeiten viel für die Gehirngesundheit.

Übung 2: Für Schlemmer

Es gibt Gerichte, die nicht nur die Gedächtnisleistung verbessern, sondern auch sehr gut schmecken. Unten auf der Liste finden Sie einige. Am besten, Sie ersetzen damit ein paar nicht so gesunde Leibgerichte, die – in größeren Mengen genossen – der Merkfähigkeit sogar schaden können. Hier eine Liste mit Alternativen:

- Salate mit Öl anmachen statt mit Mayo
- Besser gebratenen Fisch essen als gebratenes Fleisch
- Eher zum Italiener als ins Brauhaus
- Thai-Food mit Curry statt Currywurst im Imbiss
- Lieber Käse als Wurst
- Gerichte anstatt mit Butter mit Pflanzenöl anbraten
- Waldfrüchte zum Nachtisch statt Eis oder Pudding
- Ein Glas Rotwein statt ein Glas Bier

Versuchen Sie, in einer Woche zwei Gerichte auszutauschen, das reicht für den Anfang vollkommen. Wenn es Ihnen bekommt, führen Sie den »Gerichtetausch« auch in den nächsten Wochen weiter fort.

5   Schritt 5: Das Alter anders sehen

Die eigene Einstellung zum Thema Älterwerden hat auf lange Sicht Einfluss auf die Gedächtnisleistung. Es lohnt sich deshalb, negative Vorstellungen vom Älterwerden zu überdenken und zu verändern. Hier lernen Sie, die negativen Assoziationen zum Alter durch positivere Bilder zu ersetzen. Eine Übung wendet sich an Jüngere, die zweite an Menschen, die mit dem Altern bereits konfrontiert sind.

Reflexion: Für Jüngere

Wahrscheinlich machen Sie sich nicht viele Gedanken darüber, wie Ihr Leben aussehen wird, wenn Sie älter sind. Wagen Sie jetzt einmal einen Sprung, und überlegen Sie: Wie fühlen Sie sich, wenn Sie daran denken, dass Sie sechzig Jahre alt oder älter sind? Ist das ein positives Gefühl? Oder schwingen negative Gedanken mit? Überlegen Sie sich, ob Sie eine positive Vision Ihres Lebens mit sechzig Jahren entwerfen können. Was tun Sie? Sind Sie weise? Welchen älteren Schauspieler oder welche ältere Politikerin könnten Sie sich zum Vorbild nehmen? Oder gibt es vielleicht Menschen in Ihrem direkten Umfeld, die »gut« altern? Schreiben Sie ein paar Stichpunkte zu den Fragen auf, entwerfen Sie ein möglichst genaues Bild vom Älterwerden.

Und nun kommt der alltagstaugliche Teil der Aufgabe: Immer wenn Sie in dieser Woche mit dem Thema Gedächtnis

(»Wo habe ich bloß meinen Schlüssel?«) oder mit dem Thema Alter (»Der Popstar X Y ist gestorben, alle werden älter«) zu tun haben, denken Sie an dieses positive, geistig fitte Bild von Ihrem eigenen Alter.

Reflexion: Für Ältere

Jeder weiß, dass das Gedächtnis im Alter tatsächlich nachlässt. Das ist normal. Beobachten Sie in den nächsten Tagen, was Sie denken und fühlen, wenn Sie im Alltag etwas vergessen, verwechseln oder verlegt haben. Achten Sie darauf, ob Sie pessimistisch reagieren (»So ist das, wenn man alt ist«, »Typisch, ich kann das alles nicht mehr so«) oder ungute Gefühle haben (»Schade, dass es nicht mehr so wird wie früher«, »Ich bin unfähig«). Schreiben Sie ein paar dieser Gedanken auf.

Und nun kommt der alltagstaugliche Teil der Aufgabe: Versuchen Sie, in den nächsten Tagen diese Gedanken und Gefühle nicht weiterzuverfolgen oder sogar ein bisschen zu verulken. Sprechen Sie sich den negativen Gedanken oder Kommentar beispielsweise mit einer ganz hohen Stimme vor, oder singen Sie ihn wie einen Schlager. So klingt er lächerlich und verliert damit an Wirkung. Testen Sie, was Ihnen hilft, die Gedanken zum Thema »Ich bin alt, das kann ich alles nicht mehr« nicht zu dominant werden zu lassen.

Extratipp: Die Übungen in diesem Schritt setzen eher an der Seele als am Geist an. Sie werden deshalb auch keine kurzfristigen und direkten Auswirkungen auf die Gedächtnisleistung haben wie etwa eine konkrete Merktechnik oder eine Bewegungsübung. Wenn Sie aber das Gefühl haben, dass genau diese Übungen Ihre Bedürfnisse treffen, dann fahren Sie damit fort. Die Arbeit an Ihrer Einstellung kann Ihnen dauerhaft helfen – sie verbessert Ihre Stimmung, Ihre Selbstsicht und damit auch Ihre Merkfähigkeit.

Schritt 6: Neue Herausforderungen für den Alltag

Eine Fremdsprache lernen. Neue Aufgaben im Job annehmen. Reisen an Orte planen, an denen man noch nie war. Kognitionspsychologen sind der Meinung, dass es den grauen Zellen guttut, wenn man sich selbst immer wieder fordert und mit neuem Stoff und neuen geistigen Herausforderungen konfrontiert. Die Übungen in diesem Schritt betreffen solche Minineuerungen.

Stellen Sie zunächst ein paar grundsätzliche Überlegungen darüber an, wie Sie sich durch Ihren Alltag bewegen. Beantworten Sie zunächst folgende Fragen:

1. Fordern Sie sich im Beruf, oder gehen Sie Routinewege? Wann haben Sie dort das letzte Mal eine Aufgabe übernommen, für die Sie sich neue technische oder soziale Kenntnisse oder Fakten aneignen mussten?

2. Für wen übernehmen Sie Verantwortung? Sorgen Sie für Kinder, Haustiere, einen Angehörigen? Oder haben Sie ein Ehrenamt oder einen Posten in einem Verein?

3. Wann haben Sie das letzte Mal etwas ausprobiert, das Sie noch nie getan haben? Ein neues Hobby? Einen unbekannten Ort besucht? Etwas versucht, das Sie sich vorher nicht zugetraut haben?

Diese Fragen helfen bei einer kritischen Bestandsaufnahme. Wenn Sie sie ehrlich beantworten, können Sie besser einschätzen, ob Sie in Ihrem Alltag immer wieder Neues lernen oder sich zu wenig herausfordern. Falls Sie eher einen Routinealltag leben, kann es sich lohnen, generell nach neuen geistigen Aufgaben zu suchen. Die folgenden Übungen beziehen sich deshalb darauf, sich im Alltag auf Neues einzulassen. Wählen Sie die Übung aus, die Sie spontan stärker anspricht:

Übung 1: Im Beruf

Wer seinen Job schon ein paar Jahre oder Jahrzehnte macht, verfällt häufig in einen Modus, in dem 80 Prozent der Tagesaufgaben ohne großen mentalen Aufwand abzuarbeiten sind. Wenn das auf Sie zutrifft, dann versuchen Sie, Ihrem Gehirn bei der Arbeit mehr Futter zu geben. Fangen Sie damit an, dass Sie sich in den nächsten Tagen drei kleine Herausforderungen suchen, vor denen Sie sich sonst eher drücken. Egal ob Sie Ablage hassen oder nicht gern im Meeting reden, probieren Sie es jetzt aus! Und: Überlegen Sie, welche – kleine – fordernde Aufgabe Sie im Job mittelfristig übernehmen könnten. Sondieren Sie die spannenden Projekte oder die Fortbildungen, die in Ihrem Unternehmen angeboten werden – und wählen Sie fürs nächste halbe Jahr eine davon aus.

Übung 2: In der Freizeit

Die gleichen Wege. Die gleichen Orte. Die gleichen Beschäftigungen. Wer sich eingerostet fühlt und dabei ertappt, zum Gewohnheitstier zu werden, dem hilft es, sich an neuen Orten umzusehen und neue Routen zu nehmen. Wählen Sie in den kommenden Tagen dreimal Wege aus, die Sie noch nicht kennen. Zum Einkaufen, zur Bahn, zur Arbeit. Das Gleiche gilt fürs Essen: Probieren Sie im Restaurant Gerichte, die Sie noch nicht kennen, kochen Sie neue Rezepte. Wem das zu spielerisch ist: Erinnern Sie sich an eine Sprache, die Sie früher sprachen, ein Instrument, das Sie in jüngeren Jahren spielten. Holen Sie diese alten Interessen wieder hervor, und knüpfen Sie an altes Können an. Lernen Sie Französischvokabeln, oder spielen Sie Geige. Schauen Sie, was sich dann ändert.

> **Tipp:** Wichtig ist bei diesen Experimenten, dass sie Ihnen Freude machen. Das verstärkt den Effekt!

7

Schritt 7: Jogging statt Gehirnjogging

Wahrscheinlich gibt es keinen besseren Schutz für unser Gedächtnis als körperliche Aktivität. Hilfreich sind beispielsweise Koordinationsübungen und spezielle Übungen für die

Gehirngesundheit. Hier stellen wir Ihnen vier kleine Bewegungseinheiten vor, die Sie ohne Mühe sofort in Ihren Alltag einbauen können. Wiederholen Sie diese Übungen drei- bis viermal am Tag. Sie werden bald merken, dass Sie sich im Alltag wacher fühlen.

Übung

Windmühle: Kreisen Sie den rechten Arm in großen Bewegungen vorwärts und den linken Arm gleichzeitig rückwärts. Nach 20 Wiederholungen wechseln Sie die Richtung.

Liegende Acht: Stellen Sie sich hin. Nun heben Sie ein Bein leicht an. Malen Sie nun mit diesem Bein eine liegende Acht vor sich in die Luft. Jeweils dreimal nach vorn und dreimal seitlich. Wechseln Sie anschließend das Bein.

Formen zeichnen: Zeichnen Sie in die Luft gleichzeitig mit der linken Hand ein Dreieck und mit der rechten Hand ein Viereck. Wechseln Sie die Seiten. Wer es noch belebender mag: Malen Sie mit der rechten Hand ein Viereck und mit dem linken Fuß ein Dreieck in die Luft.

Doppelschlag: Legen Sie die linke Hand auf Ihr linkes Bein. Die Handfläche schaut dabei nach oben. Legen Sie Ihre rechte Hand auf Ihr rechtes Bein – hier schaut jedoch der Handrücken nach oben. Heben Sie nun im Takt beide Hände an. Machen Sie eine Faust, und legen Sie sie umgekehrt wieder ab.

Sportskanonen aufgepasst: Spezielle Übungen für die Gehirngesundheit sind immer dann nützlich, wenn man keinen Sport machen kann oder will. Wenn die hier vorgestellten Übungen für Sie viel zu leicht sind, kann es für Sie sinnvoller sein, mal wieder die Laufschuhe zu schnüren und joggen zu gehen. Oder Sie gehen schwimmen oder spazieren. Denn nichts ist für die grauen Zellen besser als zwei- bis dreimal pro Woche ein moderates Ausdauertraining.

Schritt 8: Genau auswählen

Sie haben ganz verschiedene Möglichkeiten kennengelernt, mit denen Sie Ihr Gedächtnis trainieren können. Wählen Sie eine aus, die Sie auch weiterhin verfolgen wollen. Denn: Keine Übung kann kurzfristig ihre volle Wirkung entfalten. Die hier genannten Tipps sind vor allem dann sinnvoll, wenn man sie zur Lebensgewohnheit macht.

Reflexion

Blättern Sie noch einmal die vorherigen Seiten durch, und reflektieren Sie darüber, welche der vorgeschlagenen Übungen und Veränderungen Ihnen leicht erscheinen und welche Sie weiterführen könnten. Legen Sie sich hier nun auf eine einzige Neuerung oder Veränderung fest, die Sie sich vorstellen können. Ist es eher Bewegung, eine leichte Ernährungsumstellung oder die gezielte Veränderung Ihrer Einstellung?

Entscheiden Sie sich jetzt für einen Punkt, und halten Sie ihn hier fest:

- Welches Verhalten, welche Übung wollen Sie weiterführen?
- Wie oft wollen Sie das neue Verhalten in Ihre Woche einbauen?
- Bis wann wollen Sie die Übung weiterführen?

Datum: _____

Extratipp: Sie brauchen sich nicht zu steigern. Machen Sie einfach beharrlich weiter. Wenn Sie sich beispielsweise überlegt haben, dass Sie anderes Essen möchten oder ab und zu aktives Lesen üben wollen, dann bleiben Sie einfach bei dem Pensum, das Sie sich anfangs gesetzt haben. Höchstleistungen helfen hier nicht weiter.

BUCHEMPFEHLUNGEN ZUM WEITERLESEN

John Medina: *Brain Rules fürs Älterwerden,* Göttingen: Hogrefe, 2019.

Wissenschaftlich fundierte Tipps für die Gehirngesundheit gibt der Entwicklungsbiologe John Medina von der Washington State University in seinem lesenswerten Buch. Er erklärt, welche Arten von Spielen, Interaktionen, Bewegung oder Ernährung das Gehirn fit halten, und zitiert dabei oft ausführlich neueste Studien. Für alle, die von diesem Coaching profitiert haben, kann das Buch eine geeignete Ergänzung und Weiterführung sein.

Paul E. Dennison/Gail E. Dennison: *Brain-Gym. Das Handbuch,* Freiburg: VAK Verlags GmbH, 2021.

Ein Bewegungsprogramm, mit dem das Gehirn gefordert, angeregt und bei der Arbeit unterstützt wird, bietet dieses Praxisbuch. Ein Pädagoge und eine Bewegungstrainerin haben den Ansatz »Brain-Gym« vor mehreren Jahrzehnten entwickelt, das Training hat sich bis heute bewährt. Empfehlenswert für alle, die mit Sport nichts anfangen können und die trotzdem auch durch körperliche Aktivität etwas für ihre Gehirngesundheit tun wollen.

Rick Hanson: *Das resiliente Gehirn. Wie wir zu unerschütterlicher Gelassenheit, innerer Stärke und Glück finden können,* Freiburg: Arbor Verlag, 2019.

Der Neurowissenschaftler Rick Hanson verbindet Hirnforschung, Positive Psychologie und Meditation. Er leitet aus Forschungsergebnissen immer wieder praktische Übungen und Trainingseinheiten ab, mit denen man sein Gehirn darauf programmieren kann, weniger stressanfällig zu reagieren. All diese Einheiten unterstützen auf Umwegen natürlich auch die Gedächtnisleistung und die Merkfähigkeit.

Hans Markowitsch: *Das Gedächtnis. Entwicklung, Funktionen, Störungen,* München: C. H. Beck, 2009.

Das Gedächtnis ist in seiner Arbeitsweise vielschichtig, für Laien sind die Abläufe oft nicht leicht zu durchdringen. Dieser schmale Band versucht, anschaulich und mit vielen Beispielen zu erklären, wie wir uns erinnern und wie wir uns neue Inhalte einprägen. Für alle, die mehr wissen wollen und sich für die neuropsychologischen Prozesse interessieren.

KAPITEL 2

Geistig jung bleiben

Jung im Kopf

Gutes vom Alter zu erwarten hält nachweislich
jung – besser als jedes Fitnesstraining.

Von Annette Bruhns

Fühlen Sie sich jünger, als Sie sind? Willkommen im Klub!
Ab dem 25. Geburtstag geht das vielen Menschen so. Mit den
Jahren wird dieses Gefühl sogar noch ausgeprägter – Deutsche über siebzig wähnen sich im Schnitt 13 Jahre jünger, als
sie sind, wie eine große Berliner Altersstudie zeigte. Und das
Erstaunliche ist: Der Selbstbetrug zeigt Wirkung. Wer sich
jünger fühlt, wird tatsächlich älter. Eingebildete Jugendlichkeit ist nachweislich lebensverlängernd.

Eine der frühesten und längsten Studien dazu begann 1988
in Finnland. Mehr als 1000 Senioren in der Großstadt Jyväskylä wurden damals gefragt, wie alt sie sich fühlten. Ergebnis: 37 Prozent fühlten sich körperlich fitter als ihr beurkundetes Alter, rund die Hälfte genauso alt, nur 11 Prozent älter.
Geistig jünger als ihr Bioalter fühlten sich sogar 57 Prozent
der Finnen. 13 Jahre später, 2001, waren 60 Prozent der befragten Männer und 48 Prozent der Frauen gestorben. Die

Forscher prüften, wer von ihnen zu welcher Kategorie gehört hatte, und entdeckten ein Muster: Diejenigen, die sich
älter gefühlt hatten, starben deutlich früher als diejenigen,
die sich eingebildet hatten, jünger zu sein.

Nun konnte es dafür ja eine ganz einfache Erklärung geben: nämlich dass die Langlebigeren sich jünger gefühlt hatten, weil sie gesünder gewesen waren. Deshalb rechneten die
Forscher solche Menschen aus der Statistik heraus, die auf-
grund von Krankheiten, Depression oder Demenz ohnehin
ein höheres Sterberisiko gehabt hatten. Ergebnis: Der Lang-
lebigkeitsvorteil der Jüngerfühler sank – ein Teil ihrer gefühlten Vitalität war also nicht nur ihrer Einbildung, sondern ihrer Gesundheit geschuldet. Aber ganz schmolz der
Vorteil nicht dahin: Sich jünger zu fühlen zeigte sich damit als ein valider Vorhersagefaktor dafür, ob man länger
leben würde.

Solche Ergebnisse faszinieren Alternsforscher in aller Welt.
Kein Jahr vergeht, in dem nicht neue Untersuchungen dem
Rätsel des Sichjüngerfühlens auf den Grund gehen – und danach fragen, ob und wie man Menschen dazu bringen kann,
optimistischer zu altern. Der positive Effekt von Jugendlich-
keitsgefühlen und Altersfrohsinn ist inzwischen vielfach be-
stätigt worden: Aus den Daten einer Langzeitstudie aus Ohio
konnten Forscher sogar errechnen, dass Senioren mit positiven Bildern vom eigenen Altern ganze siebeneinhalb Jahre länger leben als Pessimisten – und zwar unabhängig von
Krankheiten, Einkommen oder Geschlecht. Unser Denken
beeinflusst damit sogar deutlich stärker unser Wohlergehen
als Fitness oder Ernährung: Die statistischen Effekte von re-

gelmäßigem Sport oder auch einer cholesterinarmen Diät auf die Lebensdauer bezifferten Forscher auf vier Jahre – also fast 50 Prozent geringer als die des Jungdenkens.

Die Wahrnehmung des Alterns hängt nicht nur von persönlichen Neigungen ab, sondern wird auch kulturell geprägt. Eine Studie verglich dazu die Altersvorstellungen von drei Gruppen: taube Amerikaner, hörende Amerikaner und Chinesen. Ergebnis: Die Chinesen sahen dem Alter am gelassensten entgegen, und die tauben US-Bürger grauten sich weniger davor als ihre Landsleute mit Gehör. Bei einem Gedächtnistest schnitten die älteren Studienteilnehmer entsprechend dieser Befunde ab – das Erinnerungsvermögen der Chinesen erwies sich im Schnitt dem der Amerikaner überlegen, die Gehörlosen überflügelten die Hörenden. Offenbar führt schon die Angst vor Vergesslichkeit zu mehr Vergesslichkeit.

In Deutschland gilt die Nürnberger Psychogerontologin Susanne Wurm als Kapazität auf diesem Forschungsfeld. »Die Dissoziation zum eigenen Alter, das Gefühl ›So alt bin ich ja noch nicht‹, ist ein wichtiger Schutzmechanismus«, erklärt die Wissenschaftlerin, »wir wissen inzwischen, dass die, die sich jünger fühlen, nicht nur physisch davon profitieren – also dass diese Menschen fitter, mobiler und gesünder bleiben –, sondern sogar kognitiv.« Senioren, die sich älter fühlen, als sie sind, sollten immer zunächst ärztlich untersucht werden, sagt die Psychologin. »Das Gefühl kann ein Indikator dafür sein, dass etwas nicht in Ordnung ist.« Erst wenn Krankheiten oder eine beginnende Demenz ausgeschlossen sind, sollte man überlegen, welche Vorurteile und Ängste den Betroffenen womöglich zusetzen.

Mit Stereotypen über das Alter und deren Auswirkungen beschäftigt sich die Psychologin und Epidemiologin Becca Levy von der Universität Yale seit Jahrzehnten. Altern, sagt Levy, sei auch ein soziales Konstrukt und nicht nur eine biologische Tatsache. Ihre Forschungen belegen eindrucksvoll, dass die simple Gleichsetzung von Altersprozessen mit körperlichem Verfall zu kurz greift. Die experimentierfreudige Amerikanerin konnte sogar den Nachweis führen, dass negative Altersvorstellungen das Hirn schädigen. Der Pessimismus geht mit einem schnelleren Schrumpfen der Hippocampus-Volumina einher sowie mit vermehrter Bildung von sogenannten amyloiden Plaques und Fibrillen – also mit einer Zunahme der Biomarker für Alzheimer. Wer das Altwerden also bloß mit Schnabeltasse und Rollator assoziiert, strapaziert damit auch die eigenen grauen Zellen.

Solche Vorstellungen werden freilich früh geprägt. Levy zitiert als Beispiel aus einem Kinderbuch von Roald Dahl, in dem eine zentrale Figur eingeführt wird als »eine verdrießliche alte Frau mit milchkaffeebraunen Zähnen und einem verkniffenen Mund, der aussah wie ein Hundepopo«. Derlei Altersklischees übernehmen Kinder unbekümmert und behalten sie bis ins Erwachsenenalter bei – so lange, bis sie sich irgendwann gegen sie selbst wenden.

Diese jahrzehntelange Prägung halten Forscher für den Grund, weswegen wir Altersvorurteile auch dann, wenn wir im Rentenalter selbst von ihnen betroffen sind, nicht so leicht wieder loswerden. Allein die Erwähnung eines Gedächtnistests ließ Probanden sich alt fühlen, so die erstaunliche Erkenntnis aus Studien der Texas A&M University. In einer ersten Studie wurde das Gedächtnis von älteren Menschen getestet. Ergebnis: Vor dem Test fühlten sich die Senioren wie 58, danach wie 63 – sie waren, so die Forscher, »in fünf Minuten um fünf Jahre gealtert«. Anschließend prüften die Psychologen, was passiert, wenn sie einer neuen Gruppe nur die Anweisungen für den Gedächtnistest vorlasen – und siehe da: Auch diese Probanden fühlten sich sofort um Jahre gealtert.

Dass höhere Vergesslichkeit im Alter ein tief wirkendes Vorurteil ist, zeigte auch eine Studie der University of Southern California, bei der Teilnehmern Pseudonachrichten über Gedächtnisverlust bei Senioren vorgelesen wurden. Das Erinnerungsvermögen der mit den Fake News traktierten Probanden war anschließend um gut die Hälfte vermindert.

Überhaupt ist es leichter, Menschen durch das Triggern ihrer Angst vor dem Alter negativ zu beeinflussen, als sie durch das Verbreiten von positiven Altersbotschaften optimistisch zu stimmen. Psychologen der North Carolina State University in Raleigh teilten Personen zwischen 18 und 92 Jahren in zwei Gruppen ein: Die eine bekam Fotos von lächelnden Senioren zu sehen mit Beschreibungen, in denen Vokabeln wie »aktiv«, »weise«, »gesund« auftauchten. Die andere sah Bilder von traurig oder grimmig blickenden Alten, dazu Texte mit Wörtern wie »einsam« oder »senil«.

Erstaunlicherweise wirkte die Bombardierung mit freundlichen Altersbildern sich nicht positiv aus, im Gegenteil: Die mittelalten und alten Teilnehmer fühlten sich danach älter als zuvor. Vermuteter Grund: Während diese Teilnehmer sich normalerweise jünger fühlten, bemerkten sie angesichts der Bilder der strahlenden Senioren, dass sie vielleicht doch älter waren, als sie es sich eingestanden hatten. Der Gruppe mit den Fotos der grantigen Greise erging es allerdings nicht besser. Auch sie fühlte sich älter, und sogar die jüngeren Teilnehmer wünschten sich plötzlich inständig, noch jünger zu sein. Kränkliche ältere Teilnehmer fanden nach der Vorführung der Alterstristesse, sie sähen deutlich schlechter aus.

Mit subtileren Testanordnungen gelang es anderen Forschern allerdings doch, die Altersvorstellungen von Probanden zu verbessern — was sich anschließend in höherer Leistungsfähigkeit auszahlte. So testete ein Team um den Franzosen Yannick Stéphan von der Universität Grenoble die Stärke des Händedrucks von zwei Probandengruppen im Alter zwischen 52 und 91 Jahren. Nur die Teilnehmer von Gruppe eins wurden danach gelobt: Ihr Händedruck sei deutlich besser als für das Alter erwartbar. Danach wurden beide Gruppen noch einmal zum beherzten Griff aufgefordert. Ergebnis: Diejenigen, denen gesagt worden war, dass sie überdurchschnittlich fit seien, hatten jetzt deutlich an Kraft zugelegt — während der Händedruck der Ungelobten unverändert blieb.

Die Alternsforscherin Becca Levy konnte zeigen, dass unbewusste Konditionierung besser fruchtet als die offensive Werbung mit frisch-fröhlichen Seniorenfotos. Zwei Gruppen wurden viermal im Abstand von je einer Woche positiv beeinflusst — die einen offenkundig, die anderen heimlich. Für diese unbewusste Konditionierung ließ Levy Probanden Filme anschauen, in denen positive Altersbotschaften versteckt waren, die die Teilnehmer zwar als »Blitze« bemerkten — aber deren Inhalte sie auf Nachfrage nicht wiedergeben konnten. Anschließend wurde die körperliche Leistungsfähigkeit beider Gruppen gemessen. Die heimlich manipulierte Gruppe war deutlich kräftiger. Physisch erwies sich diese Gruppe selbst drei Wochen nach Abschluss des Tests noch als gestärkt – sogar mehr als eine Vergleichsgruppe, die sechs Monate lang ein Bewegungstraining absolviert hatte. »Die Ergebnisse legen nahe«, so Levy stolz, »dass die indirekte Beeinflussung wie ein Fitnesscenter wirkte.«

Der Einfluss des Denkens ist sogar für die Fitness unserer Zellen entscheidend, wie die australisch-amerikanische Molekularbiologin Elizabeth Blackburn betont. Blackburn bekam 2009 den Nobelpreis dafür, dass sie die Rolle der Telomere, der Schutzkappen auf den Chromosomen, bestimmen konnte – und deren Bedeutung für die Langlebigkeit.

»Auch wenn wir mit einem bestimmten Set an Genen geboren werden«, dozierte Blackburn kürzlich, »kann unser Lebensstil beeinflussen, wie sich diese Gene ausprägen.« Drei Denkmuster würden nachweislich zur Zellalterung beitragen, so die Forscherin: feindseliger Zynismus, Pessimismus und Grübelei. Aggressive Zyniker würden beim Warten vor der Kasse nicht bloß denken: »Ich hasse Schlangestehen«, sondern »dieser Typ da hat sich absichtlich vorgedrängelt und mich von meiner Position verdrängt« – und dabei innerlich kochen. Für die Telomere und damit für unsere zelluläre Erneuerung, so Blackburn, seien solche wüsten Vorstellungen schädlich – sie korrelierten nämlich mit kürzeren Chromosomenkappen.

Fazit: Wer lange und gesund leben will, sollte sich in Gelassenheit üben und immer das Beste vom Leben erwarten. Nicht nur die Hoffnung stirbt zuletzt – sondern auch die Jugend.

Haltung zeigen!

Alter ist auch eine Frage der Einstellung. Die Harvard-Psychologin Ellen Langer gibt Tipps, wie man die richtige Haltung entwickelt:

1. Erkennen Sie die Möglichkeit, auch im späteren Erwachsenenalter noch mental zu wachsen, sich zu verändern – und fördern Sie diese.

2. Machen Sie sich das Neue in allem bewusst, was Sie sehen und tun – das ist die Grundlage von Achtsamkeit.

3. Probieren Sie neue Dinge aus: ein neues Hobby, etwas Ungewöhnliches zu essen, seien Sie unternehmungslustig!

4. Hören Sie auf, Ihre Vergesslichkeit auf das Alter zu schieben. Es gibt fast immer logische Erklärungen dafür, dass Sie etwas vergessen haben; wenn Sie das berücksichtigen, sabotieren Sie sich weniger selbst: Sie haben auch schon Dinge vergessen, als Sie jung waren. Und manches, was wir als Vergesslichkeit bezeichnen, ist einfach Nachlässigkeit – wir haben es uns einfach von Beginn an nie richtig gemerkt.

5. Genießen Sie die persönliche Freiheit, die mit der wachsenden Weisheit kommt, und hören Sie auf, sich Gedanken darüber zu machen, wie andere Leute Sie sehen.

6. Wenn wir älter werden, erkennen wir stärker den Unterschied zwischen dem, was wirklich tragisch ist, und dem einfach nur Ungelegenen. Schätzen Sie diese Entwicklung!

7. Betrachten Sie Falten als Unterscheidungsmerkmale.

8. Denken Sie darüber nach, welche Dinge Sie früher besonders gern getan haben – und tun Sie diese wieder.

9. Versetzen Sie sich immer wieder in eine jüngere Version Ihrer selbst.

Wie alt sind Sie wirklich?

Mit diesem Test können Sie herausfinden, ob Ihr biologisches, soziales und gefühltes Alter Ihren kalendarischen Lebensjahren entspricht.

Das Geburtsdatum sagt oft wenig darüber aus, wie alt Menschen körperlich, geistig oder in ihrem Lebensstil tatsächlich sind. Mit diesem Check können Sie feststellen, in welchen Bereichen Sie jünger – oder älter – sind, als es Ihr kalendarisches Alter vermuten lässt. »Um realistisch erfassen zu können, wie vital oder eingerostet man durchs Leben geht und wie fit man körperlich ist, sind genauere Alterskategorien notwendig«, sagt Sven Voelpel, Professor für Betriebswirtschaft mit dem Schwerpunkt »Demografischer Wandel« an der Bremer Jacobs University. Standard sei mittlerweile die Unterscheidung von biologischem und kalendarischem Alter. Darüber hinaus spielt eine Rolle, wie alt wir uns subjektiv fühlen, und auch das soziale Leben lässt Schlüsse auf Alterungsprozesse zu. Damit Sie die Ergebnisse der drei Einzeltests, die nur als Schätzwerte zu verstehen sind, besser einordnen können, gibt es zu den einzelnen Teilen auch Kurzauswertungen – sowie ein paar erste Tipps, wie Sie sich körperlich, geistig oder seelisch ein wenig »verjüngen« können.

Aufgabe

Wenn Sie alle Fragen der drei Tests beantwortet haben, rechnen Sie die hinter den Kästchen stehenden Zahlen jeweils zu einem Gesamtwert zusammen. Wie die Ergebnisse der Einzeltests zu verstehen sind, erfahren Sie anschließend in den Auswertungen.

Test 1: Das biologische Alter

Frage 1: Wie viel Zeit für Entspannung bleibt Ihnen im Alltag?

Leider bin ich oft angespannt und nervös. ☐ (1,17)

Ich habe viel Stress, kann aber gut damit
umgehen. ☐ (1,14)

In meinem Alltag bin ich oft entspannt
und gelassen. ☑ (0)

Frage 2: **Wie viele Portionen Obst und Gemüse essen
Sie pro Tag?**

Ungefähr 3 Portionen ☐ (0)

Ungefähr 1 bis 2 Portionen ☐ (0,57)

Keine Portion ☐ (2,28)

Frage 3: **Errechnen Sie Ihren Body-Mass-Index (BMI).
Sie ermitteln ihn, indem Sie Ihr Körpergewicht (in Kilogramm) teilen durch Ihre Körpergröße (in Meter hoch
zwei).**

Unter 17,5 ☐ (1,94)

Zwischen 17,5 und 19 ☐ (0)

19 bis 25 ☐ (0,23)

Zwischen 25 und 27,5 ☐ (0,46)

Zwischen 27,5 und 30 ☐ (1,94)

Über 30 ☐ (3,07)

Frage 4: **Haben Sie seit Ihrem 18. Geburtstag zugenommen?**

Nein, oder höchstens ein paar Kilo ☐ (0)

Ja, zwischen 5 und 15 Kilo ☐ (1,12)

Ja, mehr als 15 Kilo ☐ (2,85)

Frage 5: **Rauchen Sie?**

Nein ☐ (0)

Nein, aber früher einige Jahre ☐ (1,59)

Ja, aber weniger als fünf Zigaretten am Tag ☐ (6,38)

Ja, bis zu 20 Zigaretten täglich ☐ (7,53)

Ja, mehr als 20 Zigaretten täglich ☐ (9,11)

Frage 6: Wie viel Alkohol trinken Sie durchschnittlich?

Ich trinke täglich Alkohol. ☐ (2,28)

Ich trinke 2 bis 3 Gläser pro Woche. ☐ (0)

Ich trinke selten oder nie. ☐ (1,14)

Frage 7: Wie schlafen Sie im Allgemeinen?

Gut ☐ (0)

Eher gut ☐ (0,85)

Eher schlecht ☐ (1,71)

Schlecht ☐ (2,28)

Frage 8: Wie oft bewegen Sie sich mindestens 30 Minuten am Stück?

Nie oder selten ☐ (4,55)

Ungefähr einmal pro Woche ☐ (2,28)

Zwei- bis dreimal pro Woche ☐ (1,14)

An den meisten Tagen der Woche   ☑ (0)

Frage 9: **Alles in allem, wie glücklich sind Sie im Leben?**

Sehr glücklich   ☑ (0)

Ziemlich glücklich   ☐ (1,14)

Unglücklich   ☐ (2,28)

Frage 10: **Wie alt sind / wurden Ihre Großeltern?**

Alle über 75 Jahre   ☑ (0)

Alle unter 75 Jahre   ☐ (1,14)

Zwei oder drei von ihnen über 75 Jahre   ☐ (0,57)

Drei von ihnen unter 75 Jahre   ☐ (0,85)

Notieren Sie hier die Gesamtsumme: _____

Test 2: Das gefühlte Alter

Addieren oder subtrahieren Sie die angegebene Zahl der Jahre jeweils von Ihrem kalendarischen Alter:

Frage 1: **Wenn ich Treppen steige, fühle ich mich ...**

+ 15 Jahre

+ 10 Jahre

+ 5 Jahre

+/- 0 Jahre

- 5 Jahre

- 10 Jahre

- 15 Jahre

Verrechnet mit Ihrem »echten« Alter: _____

Frage 2: **Wenn ich in den Spiegel schaue, fühle ich mich ...**

+ 15 Jahre

+ 10 Jahre

+ 5 Jahre

+/- 0 Jahre

- 5 Jahre

- 10 Jahre

- 15 Jahre

Verrechnet mit Ihrem »echten« Alter: _____

Frage 3: Wenn ich an meine Interessen und Hobbys (Filme, Musik, Sport, Politik) denke, fühle ich mich im Großen und Ganzen ...

+ 15 Jahre

+ 10 Jahre

+ 5 Jahre

+/- 0 Jahre

- 5 Jahre

- 10 Jahre

- 15 Jahre

Verrechnet mit Ihrem »echten« Alter: _____

Frage 4: Im Vergleich zu anderen Menschen meines Alters fühle ich mich ...

+ 15 Jahre

+ 10 Jahre

+ 5 Jahre

+/- 0 Jahre

- 5 Jahre

- 10 Jahre

- 15 Jahre

Verrechnet mit Ihrem »echten« Alter: _____

Frage 5: **Wenn ich bedenke, was ich in meinem Leben schon erlebt, gesehen, durchgemacht habe, fühle ich mich ...**

+ 15 Jahre

+ 10 Jahre

+ 5 Jahre

+/- 0 Jahre

- 5 Jahre

- 10 Jahre

- 15 Jahre

Verrechnet mit Ihrem »echten« Alter: _____

Notieren Sie hier die Gesamtsumme: _____

Test 3: Das soziale Alter

Frage 1: **Wie viele Menschen stehen Ihnen sehr nah, egal ob in Ihrer Familie, im Bekannten- oder Freundeskreis?**

0   ☐ (0)

1   ☐ (1)

2   ☐ (2)

3 □ (3)

4 □ (4)

5 □ (5)

6 □ (6)

7 □ (7)

8 □ (8)

9 □ (9)

10 □ (10)

11 und mehr □ (11)

Frage 2: **Wie häufig stehen Sie mit diesen Menschen in Kontakt?**

Nie □ (0)

Weniger als einmal pro Monat □ (1)

Einmal pro Monat □ (2)

Mehrmals im Monat □ (3)

Mehrmals in der Woche ☐ (4)

Jeden Tag ☐ (5)

Frage 3: Alles in allem: Empfinden Sie Ihren Freundeskreis momentan als belastend oder bereichernd?

Sehr belastend ☐ (0)

Belastend ☐ (3)

Weder noch ☐ (6)

Bereichernd ☐ (9)

Sehr bereichernd ☐ (12)

Frage 4: Leben Sie in einer Partnerschaft?

Ich lebe in Scheidung. ☐ (0)

Bin ledig ☐ (1)

Mein Partner / meine Partnerin ist gestorben. ☐ (1)

Ich bin unverheiratet, lebe aber in
einer Beziehung. ☐ (2)

Ich bin verheiratet. ☑ (3)

Frage 5: **Alles in allem: Empfinden Sie Ihren Beziehungsstatus als belastend oder bereichernd?**

Sehr belastend ☐ (0)

Belastend ☐ (3)

Weder noch ☐ (6)

Bereichernd ☐ (9)

Sehr bereichernd ☑ (12)

Frage 6: **Sind Sie zurzeit Mitglied in einem Verein oder einer sozialen Gruppe?**

Nein ☐ (0)

In einem ☐ (1)

In zwei ☐ (4)

In mehr als zwei ☐ (6)

Frage 7: Wie sehr können Sie sich auf Partner, Freunde, Verwandte in schwierigen Lebenssituationen verlassen?

Gar nicht □ (0)

Etwas □ (2)

Mäßig □ (4)

Ziemlich □ (6)

Sehr □ (8)

Frage 8: Was glauben Sie, wie sehr können Sie bei Partner, Freunden, Verwandten ganz Sie selbst sein?

Gar nicht □ (0)

Etwas □ (1)

Mäßig □ (2)

Ziemlich □ (3)

Sehr □ (4)

Notieren Sie hier die Gesamtsumme: _____

Test 1: Biologisches Alter

Übertragen Sie hier Ihre in Test 1 errechnete Gesamtsumme: _____. Mithilfe dieser Zahl können Sie nun Ihr biologisches Alter errechnen. Gehen Sie dabei in zwei Schritten vor:

1. Nehmen Sie Ihr kalendarisches, also Ihr »echtes« Alter und subtrahieren Sie davon 15,6 Jahre (Frauen) beziehungsweise 10,6 Jahre (Männer).
2. Addieren Sie zu dem errechneten Wert dann die Gesamtsumme aus diesem Test.

Ihr biologisches Alter: _____

Was heißt das? Mit jedem Lebensjahr altert auch der Körper. Dennoch können bestimmte Lebens- und Ernährungsgewohnheiten die Regenerationsfähigkeit der Zellen erhalten – oder vermindern. Auch andere biochemische Prozesse, etwa Minientzündungen im Körper, sind für die Alterung verantwortlich und können durch den Lebensstil beeinflusst werden. Wenn Ihr biologisches Alter in diesem Teiltest also unter dem Alter in Ihrem Pass liegt, dann tun Sie mit Bewegung, Ernährung und Einstellung schon einiges dafür, Ihren Körper regenerationsfähig zu halten. Und wenn Ihr biologisches Alter ein wenig höher ist als Ihr »echtes«, können Sie mit kleinen Gewohnheitsänderungen (etwa mehr Obst und Gemüse, mehr Bewegung in Ihrem Alltag) leicht gegen die Alterungstendenz ansteuern. Falls der Alterswert dieses Teiltests deutlich höher liegt, als Sie erwartet haben, könnte es daran liegen, dass Sie rauchen und / oder übergewichtig sind. Diese beiden Faktoren beschleunigen Alterungsprozesse exponentiell.

Falls das auf Sie zutrifft, wäre eine erste Empfehlung, sich mit diesen beiden Risikofaktoren mittelfristig auseinanderzusetzen. Falls das für Sie gerade unmöglich ist, versuchen Sie, andere günstige Gewohnheiten zu verstärken, etwa mehr zu schlafen, Stress abzubauen, gesünder zu essen. Alkohol in Maßen ist übrigens erlaubt: Genuss und Lebensfreude wirken sich positiv auf das biologische Alter aus.

Was tun? Um körperlich jung zu bleiben, reicht es aus, etwas mehr Bewegung bewusst in den Alltag zu integrieren: zur U-Bahn gehen statt fahren, Treppen steigen, zu Fuß zum Einkaufen, Rad fahren. Probieren Sie auch, an zwei Tagen in der Woche zusätzliche Bewegungseinheiten von etwa 30 Minuten einzubauen, beispielsweise mit einem Spaziergang, einer Joggingrunde, Tanzen. All das stärkt die Regenerationsfähigkeit der Zellen.

2   Test 2: Gefühltes Alter

Übertragen Sie hier Ihre Gesamtsumme: _174_ _315_ . Teilen Sie diese nun wiederum durch fünf. Das Ergebnis ist Ihr gefühltes Alter.

Ihr gefühltes Alter: _38_ _63_

Was heißt das? Jeder kennt den Spruch: »Man ist so alt, wie man sich fühlt.« Zum Teil stimmt das. Die Art, wie Menschen ihre Lebensumstände und ihre körperliche Fitness bewerten, wirkt sich nämlich nicht nur subjektiv aus – sie kann laut Studien tatsächlich einen körperlichen Effekt haben. Zum einen natürlich, weil in einer positiven Stimmung andere hormonelle und neuronale Prozesse ausgelöst werden als in einer negativen. Und zum anderen gilt: Wer Dinge tut, die andere als »jugendlich« bezeichnen, etwa begeistert ein Hobby oder einen Sport verfolgen, der lässt sich neugieriger aufs Leben ein, erlebt mehr – und das hat wiederum positive Effekte auf die Regenerationsfähigkeit von Körper und Geist.

Falls Sie in diesem Teiltest »jünger« sind als auf dem Papier, haben Sie möglicherweise selbst schon häufiger gespürt, wie sehr es das Wohlbefinden steigert, wenn wir uns und unser Alter positiv sehen. Machen Sie also ruhig weiter so. Falls Sie in dieser Liste eher »älter« wirken, als Sie es in Jahren sind, könnte es hilfreich sein, von jetzt an bewusst gegen das negative Selbstbild anzusteuern, also sich und die eigenen Möglichkeiten im Leben positiver zu sehen, egal ob Sie dreißig oder achtzig Jahre alt sind. Die gute Nachricht: An Ihren Einstellungen können Sie leicht etwas verändern. Sie haben es selbst in der Hand.

Was tun? Menschen sind aus evolutionären Gründen darauf gepolt, zunächst in allem das Negative zu sehen. Mit kleinen Ritualen, die Sie in Ihren Alltag einbauen, können Sie sich selbst aber immer bewusst auf eine positive und zuversichtliche Wahrnehmung einstimmen. Beispielsweise indem Sie jeden Abend vor dem Schlafengehen kurz überlegen, welches der schönste Moment des Tages war – und dem Gefühl, das damit verbunden war, noch einmal nachgehen. Selbst an einem turbulenten oder zähen Tag kann man einen solchen Augenblick finden. Der Effekt: Sie nehmen eine positive Stimmung mit in den Schlaf, wachen morgens gelassener auf. Wer das jeden Abend macht, gewöhnt sich mit der Zeit daran, im Alltag auch das Schöne und Positive wahrzunehmen und zu genießen.

Test 3: Soziales Alter

Übertragen Sie hier Ihre Gesamtsumme: _60_ . Gehen Sie bei der Berechnung wiederum in zwei Schritten vor:

1. Nehmen Sie zunächst Ihre Gesamtpunktzahl aus dem Test und multiplizieren Sie diese mit 0,33 (wenn Sie eine Frau sind) und mit 0,48 (wenn Sie ein Mann sind).
2. Zählen Sie zu Ihrem kalendarischen Alter 15 Jahre dazu. Und nun ziehen Sie von diesem »Ausgangsalter« das Ergebnis aus der ersten Rechnung ab. Die ermittelte Zahl beschreibt Ihr soziales Alter.

Ihr soziales Alter: _18_

Was heißt das? Der Kontakt mit Freunden, Bekannten, Verwandten ist für uns eine Art »Fitnesstraining fürs Jungbleiben«. Kognitionspsychologen haben herausgefunden, dass unsere grauen Zellen durch nichts so gefordert werden wie durch Gespräche mit anderen Menschen. Kontakt trainiert also unser Gehirn. Aber da ist noch mehr: Weil Nähe zu anderen uns Lebensfreude vermittelt – und dieses Gefühl sich auch körperlich, etwa auf unsere Hormonlage auswirkt –, verjüngt uns sozialer Kontakt auch physisch. Männer profitieren übrigens von engen Bindungen (zu Partnerinnen oder Partnern sowie den engsten Freunden) noch mehr als Frauen – daher auch die Unterschiede bei der Berechnung.

Falls dieser Teiltest Ihnen gezeigt hat, dass Sie »sozial« jünger sind als auf dem Papier, machen Sie mit Ihrem sozialen Leben einfach weiter wie bisher. Falls Sie zu den Kontaktmuffeln gehören und deshalb in diesem Teiltest eher ein paar Jahre obendrauf bekommen, überlegen Sie, ob Sie in diesem Bereich kleine Veränderungen vornehmen wollen. Keine Sorge, wer introvertiert ist, muss nicht zur Betriebsnudel werden. Dennoch: Vielleicht aktivieren Sie ein paar Kontakte zu Freunden und Bekannten, die Sie wirklich mögen. Auch die freuen sich möglicherweise, von Ihnen zu hören!

Was tun? Neugier aktiviert uns, lässt uns neue Erfahrungen machen und hält uns dadurch jung. Üben Sie deshalb häufiger mal, andere Menschen besser kennenzulernen. Wie das geht? Ganz simpel durch Nachfragen. Wann immer Sie in der nächsten Zeit mit jemandem aus der Nachbarschaft oder dem Bekanntenkreis sprechen, den Sie mögen, versuchen Sie mindestens zwei Fragen zu stellen: zu deren Alltag, Beruf, Besonderheiten. Sie werden erstaunt sein, wie viel Sie herausbekommen – und wie viel Verbindung dadurch entsteht.

Zusammenfassung: Die drei Teiltests haben Ihnen ein besseres Gefühl dafür vermittelt, in welchen Lebensbereichen Sie eher »jung geblieben« sind und wo Sie sich älter fühlen oder verhalten, als Sie vorher dachten. Sie haben Anregungen für Verjüngungsmaßnahmen ohne Chemie oder Heilsversprechen erhalten, von denen Sie einige in den Alltag mitnehmen können.

Doch die Testergebnisse sind nicht so zu lesen, dass wir nun alle versuchen müssen, uns möglichst ewig jugendlich zu halten. »Statt ein krampfhaftes Anti-Aging anzuregen, wollen die Tests eher Hinweise und Anregungen geben, wie wir zufriedener und gesünder alt werden können«, sagt Voelpel. Wenn uns das gelingt, müssen wir uns jedenfalls nicht ständig damit unter Druck setzen, ob wir nun jung oder alt wirken oder aussehen. Allein damit ist schon viel gewonnen.

COACHING

Jung bleiben

Das Alter lässt sich nicht aufhalten? Stimmt. Wir können aber eine Menge tun, um uns körperlich, psychisch und geistig jung zu halten. In acht Schritten lernen Sie, an welchen Stellschrauben Sie bei Ernährung, Bewegung und persönlicher Einstellung drehen können, um Ihr biologisches Alter stark zu senken.

Dauer

Bei diesem Coaching bleibt es Ihnen überlassen, wie schnell Sie vorgehen. Sie können alle Schritte in zwei Wochen machen oder sich vier Wochen Zeit lassen. Es ist auch möglich, sich nur die Teile herauszupicken, die Sie besonders interessieren – und dann diese wenigen Veränderungen konsequent über einige Wochen durchzuhalten.

Schritt 1: Sich jung essen

Ein guter Einstieg, um unseren Stoffwechsel positiv zu beeinflussen, ist die Ernährung. Es gilt mittlerweile als gesichert, dass bestimmte Lebensmittel und Essgewohnheiten beispielsweise Entzündungsprozesse im Körper vermindern können oder die Regenerationsfähigkeit der Zellen verbessern. Diese Prozesse wirken verjüngend.

Übung: Empfehlenswerte Lebensmittel

Starten Sie mit ein paar kleinen Veränderungen Ihres Speiseplans. Diese Übung kann jeder leicht umsetzen. Los geht's: Unten finden Sie eine Liste mit Lebensmitteln, die laut verschiedenen Forschungsergebnissen positiv und verjüngend auf den Stoffwechsel wirken. Schauen Sie sich in den nächsten Tagen vor jedem Einkauf diese Liste an, und versuchen Sie, Ihre »normalen« Einkäufe zu mindestens 20 Prozent durch die genannten Lebensmittel zu ersetzen – oder Ihren Einkauf um diese zu erweitern.

Wichtig: Viele Lebensmittel auf der Liste eignen sich als Ersatz für Süß- und Knabberkram zwischendurch, zum Beispiel Beeren oder Nüsse. Oder als ungewohnte Würze zu gewohnten Gerichten, zum Beispiel Kurkuma oder frische Kräuter. Probieren Sie ein wenig herum, versuchen Sie, sich auf spielerische Art mit diesen Lebensmitteln vertraut zu machen, sie mehr in Ihren Alltag einzubauen.

- Walnüsse, Cashewnüsse, Haselnüsse
- Leinsamen, Chiasamen, Haferflocken, Hafersamen
- Blaubeeren, Himbeeren, Brombeeren, Apfel
- Rote Bete, Chinakohl, Weißkohl, Rotkohl, Avocado, Mangold
- Chili, Ingwer, Pfeffer, Kurkuma, Knoblauch, Zwiebel
- Frische Kräuter wie Dill, Petersilie, Koriander
- Lachs, Kakao (dunkle Schokolade)

> **Tipp:** Auf Haferflockenbasis können Sie sich aus einigen der hier genannten Zutaten ein leckeres Frühstücksmüsli zubereiten. Gut passen Leinsamen, Chiasamen, Nüsse, Beeren.

Schritt 2: Neues lernen

Neugier hält jung. Sagt man. Und es stimmt. Eine offene Haltung und ein gewisses Zutrauen in die eigenen Fähigkeiten wirken sich auf unser gefühltes Alter aus – und dadurch indirekt auch auf unser biologisches. Viele Menschen fangen aber bereits mit dreißig an, daran zu zweifeln, dass sie bestimmte Dinge noch lernen können. Sie gestalten ihren Alltag fast nur nach bekannten Routinen. Es ist deshalb wichtig für jede Art der »Verjüngung«, die eigene Experimentierfreude zu wecken. Egal in welchem Alter. Dazu gibt es hier einige Anregungen.

Übung 1: Mal was Neues

Bauen Sie zwei Mikroabenteuer in die nächsten Tage ein! Probieren Sie eine Stunde lang etwas ganz Neues. Gehen Sie allein in ein Restaurant, in dem Sie noch nicht waren, und bestellen Sie ein Essen, das Sie nicht kennen. Fahren Sie mit dem Bus an die Endhaltestelle, und machen Sie dort einen Spaziergang. Gehen Sie in ein Geschäft, in das Sie normalerweise nie gehen würden, und kaufen Sie eine Kleinigkeit. Oder gehen Sie in ein Museum, in dem Sie noch nie waren. Wenn Sie keine zwei kleinen Neuerungen in den nächsten Tagen schaffen, können Sie auch einen Tag lang versuchen, alles (außer schreiben) mit der nicht dominanten Hand zu tun – vom Kaffeekochen über das Zähneputzen bis zum Türöffnen. Auch das ist ein Abenteuer!

Reflexion

Wie haben Sie sich nach dem Mikroabenteuer gefühlt? Lebendiger, freier, offener oder unverändert? (Alle emotionalen und mentalen Veränderungen haben einen verjüngenden Effekt.) Welche Mikroabenteuer könnten Sie in den nächsten Wochen noch ausprobieren? Schreiben Sie drei auf:

Übung 2: Irgendwann oder jetzt

Das Schulfranzösisch aufpolieren. Klavier spielen. Reiten oder Golf spielen lernen. Nach Asien reisen. Viele Menschen haben Interessen und Wünsche, die sie aber nicht verfolgen. Dabei würde es dem Kopf guttun. Schreiben Sie also in dieser Woche in einer stillen Stunde drei bis fünf Sachen auf, die Sie unbedingt lernen oder erleben wollen:

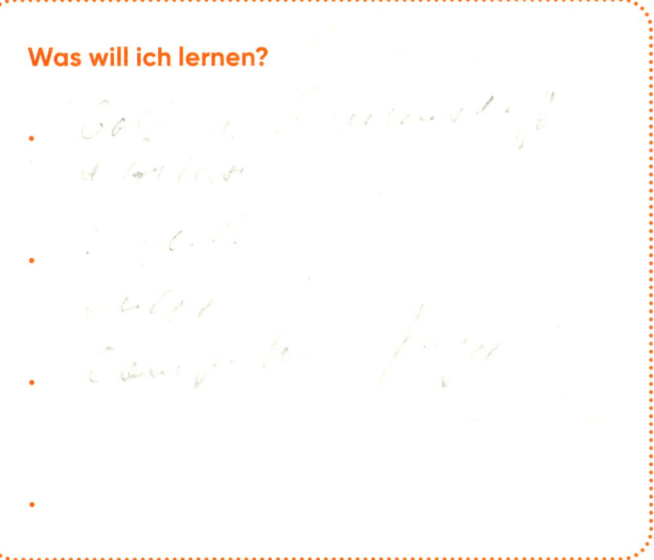

Was will ich lernen?

Suchen Sie sich von dieser Liste ein Vorhaben aus, auf das Sie wirklich Lust haben. Und dann unternehmen Sie einen ersten konkreten Schritt in diese Richtung: Suchen Sie Ihr Französischbuch heraus, und lernen Sie eine Lektion. Vereinbaren Sie eine Stunde bei einem Golf- oder Reitlehrer. Kaufen Sie einen Reiseführer für Ihr Traumland.

> **Tipp:** Wenn Sie merken, dass die Sache Spaß macht, überlegen Sie, ob Sie sich weiter mit dem Thema beschäftigen wollen. Machen Sie weitere kleine Schritte in ein neues Gebiet hinein – gern auch über die nächsten Wochen. Welches Lernvorhaben macht Spaß? Welches möchten Sie verfolgen?

3

Schritt 3:
Probier's mal mit Gelassenheit

Jeder fünfte Dreißigjährige fühlt sich permanent gestresst. Wie sieht das bei Ihnen aus? Chronischer Stress ist nicht nur psychisch belastend, er beschleunigt auch zahlreiche Alterungsprozesse. Mehr Gelassenheit im Alltag hilft deshalb, körperlich und psychisch jung zu bleiben. Hier können Sie mit zwei unterschiedlichen Übungen Ihre Fähigkeit zur Stressbewältigung verbessern.

Übung 1: Meditation

Der Arbeitsalltag ist häufig hektisch, fremdbestimmt und verläuft ohne echte Pausen. Vor allem ständige Reizüberflutung stresst. Abhilfe schaffen schon wenige Minuten, in denen es gelingt, wirklich abzuschalten. Dabei hilft diese Übung:

- Nehmen Sie eine lockere Sitzhaltung ein, und atmen Sie ruhig ein und aus – egal ob am Schreibtisch oder auf einer Parkbank.
- Konzentrieren Sie sich dann auf Ihren Hörsinn: Was für Geräusche nehmen Sie wahr? Versuchen Sie, fünf verschiedene zu finden. Das kann eine Weile dauern, denn oft überlagern sich Geräusche. Haben Sie fünf identifiziert, dann richten Sie Ihre Aufmerksamkeit auf Ihren Körper.
- Versuchen Sie, fünf Empfindungen mitzubekommen: einen kleinen Schmerz, ein Ziehen oder Kribbeln, ein Gefühl. Auch das kann eine Weile dauern.
- Wenden Sie sich dann wieder dem Hörsinn zu, und lauschen Sie auf drei Geräusche.
- Danach richten Sie die Aufmerksamkeit auf Ihren Körper, versuchen auch hier, drei Empfindungen wahrzunehmen. Wiederholen Sie das Ganze schließlich mit jeweils einem Geräusch und einer Körperempfindung. Danach atmen Sie einige Male tief ein und aus und beenden so die Übung.

Diese kleine Meditation hilft Ihnen dabei, sich nur auf Ihre Sinne zu konzentrieren. Sie dauert etwa drei bis fünf Minuten und kann bereits körperliche Veränderungen bewirken, etwa den Stresshormonpegel senken oder die Herzfrequenz positiv beeinflussen. Probieren Sie eine Woche lang, diese Übung zweimal am Tag zu machen.

Übung 2: Was ist wichtig?

Stress entsteht, wenn man sich mit Aufgaben überlädt. Versuchen Sie jeweils vor dem Arbeitsstart festzulegen, welche Erledigung die wichtigste ist. Sie sollte relevant sein, aber nicht mehr als zwei bis drei Stunden in Anspruch nehmen.

Fertigen Sie eine Tabelle mit allen Tagen der nächsten Woche an. Tragen Sie die wichtigste Aufgabe für jeden Tag ein. Und setzen Sie alles daran, diese Aufgabe zu erledigen! Vielleicht nehmen Sie sich die Nummer eins gleich morgens früh vor, wenn es noch ruhig ist. Dann haben Sie am Vormittag schon das Wichtigste geschafft. Und halten Sie einen Moment inne, wenn Sie damit fertig sind – das ist ein Grund, sich zu freuen und durchzuatmen. Natürlich werden im Tagesablauf immer Störungen auftreten, es kommen weitere Punkte dazu. Da Sie für die Hauptaufgabe aber nur gute zwei Stunden eingeplant haben, müssten Sie ausreichend Puffer für unerwartete Kleinigkeiten haben. Am Ende des Tages notieren Sie dann, ob Sie die Aufgabe erledigt haben oder nicht. Wenn Sie nach einer Woche feststellen, dass Ihre Planung nicht hinhaut, ist Ihr Tag generell zu voll.

Wochentag	Wichtigste Aufgabe
Montag	...
Dienstag	...
Mittwoch	...
Donnerstag	...
Freitag	...

Schritt 4:
Mehr Bewegung im Alltag

Nicht nur die alten Römer wussten es und die Erfinder der Trimm-Trab-Bewegung: Nein, eigentlich weiß jeder, dass Sport und Bewegung helfen, körperlich und geistig jung zu bleiben. Die Forschungsergebnisse der vergangenen Jahre zu dem Thema sind so eindeutig, dass man sagen kann: Wer möglichst effektiv etwas gegen das Altern tun will, sollte sich einfach viel bewegen. Und zwar jeden Tag. Es geht also um eine stetige Veränderung hin zu einem »bewegten Leben«.

Deshalb erhalten Sie nun ein paar spielerische Aufgaben und Anregungen, mit denen Sie Ihren Körper fit machen können. Die Übungen sind so leicht, dass sie auch für Bewegungsmuffel geeignet sind. Wer eine Sportskanone ist und sich ohnehin viel bewegt: Wenden Sie sich gern gleich dem Extratipp zu!

Übung: Das Fitnessstudio ist überall

»Niemand muss mehrere Stunden in der Woche für Sporttermine blocken«, sagt Altersexperte Sven Voelpel. Es reicht vollkommen, wenn Sie den Tagesablauf so gestalten, dass Sie sich immer wieder mal bewegen – und dadurch insgesamt in Schwung kommen. Ihre Aufgabe in dieser Woche ist es deshalb, den Alltag als Fitnessstudio zu sehen – und jede sich bietende Gelegenheit zur Bewegung zu ergreifen. Hier einige Beispiele:

- Treppen steigen statt Fahrstuhl fahren
- zu Fuß oder mit dem Fahrrad einkaufen statt mit dem Auto
- schwere Taschen und Sprudelkästen schleppen
- etwas vergessen? Noch mal zum Supermarkt laufen
- Kollegen in der anderen Abteilung kurz besuchen statt anrufen
- öffentliche Verkehrsmittel nutzen oder Rad fahren
- die Fußwege zur Arbeit, zum Einkaufen, zu Verabredungen schnell gehen oder sogar joggen
- Post holen und andere Botengänge übernehmen
- Spaziergang in der Mittagspause machen

Sie merken: Sie brauchen kein spezielles Sportprogramm zu verfolgen. Es reicht, wenn Sie lernen, Anlässe zur Bewegung im Alltag zu sehen und zu nutzen. Probieren Sie es. Falls Ihnen das Konzept »Das Fitnessstudio ist überall« nicht zusagt, gibt es eine Alternative: Gehen Sie an drei Tagen in dieser Woche eine halbe Stunde spazieren.

Tipp: Temperaturwechsel sind gesund und wirken verjüngend. Experimentieren Sie deshalb gezielt mit Kältereizen: Versuchen Sie in Zukunft, sich bewusst auch extremem Wetter auszusetzen, also trotz Regen, Wind oder Minustemperaturen zu Fuß zu gehen. Und: Brausen Sie sich bei jedem Duschen eine Minute lang eiskalt ab. Das ist ein gesunder Kältereiz.

Schritt 5: Risikofaktoren fürs vorzeitige Altern

Es gibt ein paar wenige Faktoren, die Alterungsprozesse dramatisch beschleunigen. Versuchen Sie, sich solcher Verhaltensweisen bewusst zu werden. Auch wenn es unangenehm ist: Es ist wichtig zu sehen, an welchen Punkten es Ansätze für effektive Veränderungen gibt. Lesen Sie die kurze Liste der vier größten Risikofaktoren für vorzeitiges biologisches Altern, und kreuzen Sie an, was zutrifft:

	Ja	Nein
Ich rauche.	☐	☐
Ich habe seit meinem 18. Lebensjahr 15 Kilo oder mehr zugenommen.	☐	☐
Ich schlafe ausgesprochen schlecht, oft weniger als fünf oder sechs Stunden.	☐	☐
Ich trinke viel mehr Alkohol, als ich sollte.	☐	☐

Auswertung: Falls Sie keine dieser Aussagen mit Ja beantwortet haben, tun Sie schon viel fürs körperliche Jungbleiben. Haben Sie Schwachstellen entdeckt? Dann nehmen Sie diese zunächst einfach nur zur Kenntnis. Fragen Sie sich: Möchten Sie etwas ändern oder alles so lassen, wie es im Moment ist?

Falls Sie sich gerade nicht vorstellen können, langwierige oder hartnäckige Themen wie Rauchen oder Übergewicht anzugehen, überlegen Sie sich, was Sie stattdessen an positiven Neuerungen einbringen können. Nutzen Sie die Anregungen dieses Coachings.

> **Extratipp:** Viele Menschen schlafen besser, wenn sie 90 Minuten vor der angepeilten Schlafenszeit alle elektronischen Geräte ausschalten. Auf diesen Zusammenhang weist der britische Forscher Richard Wiseman hin.

Schritt 6:
Mein Erfahrungsschatz

Egal ob Sie jung oder alt sind: Wie Sie über die Jahre jenseits der fünfzig, sechzig, siebzig denken, beeinflusst das gefühlte und sogar das biologische Alter. Studien zum Thema zeigen: Menschen, für die Altsein nicht nur negativ besetzt ist, haben im mittleren Alter und auch als Senioren weniger körperliche und psychische Beschwerden. Die Einstellung zum Älterwerden hat also einen Einfluss aufs Jungbleiben. Hier finden Sie deshalb eine Reflexionsübung, die Ihnen dabei hilft, einige neue Sichtweisen zu entwickeln.

Übung

Gerontologen reden nicht nur vom biologischen und gefühlten Alter, sondern auch vom »Erfahrungsalter«, also von der Menge an Wissen, Erfahrung und möglicherweise Weisheit, die jemand in seinem Leben gesammelt hat. Das Schöne daran: Es geht fast von selbst – je mehr Jahre, desto mehr Erfahrung, desto besser! Die folgenden Fragen sind eine Art Gedankenspiel, um sich vor Augen zu halten, wie viele Erfahrungen Sie im Laufe Ihres Lebens bereits angesammelt haben.

So geht's: Schreiben Sie hinter jede der Fragen eine Anzahl von Jahren, und bilden Sie am Schluss eine Summe. Die Zahl an Jahren, die Sie aus dieser Übung mitnehmen, ist rein symbolisch. Sie bildet ab, wie viel Sie erlebt haben – und was für einen Wissens- und Erfahrungsschatz Sie besitzen.

Wie viele Erfahrungen – geschätzt in Jahren – haben Sie:

... in Beziehungen und Partnerschaft? _____

... in Beruf und Berufsausbildung? _____

... in Kindererziehung und Familienzeit? _____

... mit Leben im Ausland? _____

... in sozialem und/oder politischem
Engagement? _____

... mit Hobbys und/oder mit Sportarten? _____

... in einem Wissensgebiet (etwa Geschichte
oder Geografie) oder im Bereich Kultur? _____

Gesamtalter: _____

Und? Wie alt sind Sie? Ziemlich alt, oder? Verinnerlichen Sie diese hohe Zahl, und versuchen Sie dabei zu spüren, welch ein Gewinn und eine Stärke es ist, dass Sie schon so viele Erfahrungen im Beruf, in Beziehungen oder bestimmten Tätigkeiten und Hobbys gesammelt haben.

> **Tipp:** Jedes Mal, wenn Sie im Alltag mit einem Zweifel wie »Bin ich dafür zu alt?« oder »Kann ich das überhaupt?« zu tun haben, denken Sie daran, wie viele Erfahrungen Sie schon haben. Vielleicht können Sie dann leichter sagen: »Ich kann das. Ich bin alt genug.« Versuchen Sie, sich damit anzufreunden, dass Sie eine erfahrene, vielleicht sogar weise Person sind.

7 Schritt 7: Die Kraft der Beziehungen nutzen

Freunde. Partner. Bekannte. Mit sozialen Kontakten trainiert man nicht nur die grauen Zellen und hält sich emotional jung – es werden auch Bindungshormone ausgeschüttet, die sich positiv aufs biologische Altern auswirken. Deshalb lohnt es sich, Beziehungen zu pflegen. Entscheidend dabei ist aber, die Verbindung zu anderen auch zu spüren. Sie üben deshalb hier, die Verbundenheit mit anderen ganz bewusst wahrzunehmen.

Übung: Für Introvertierte

Man kann sich mit anderen Menschen auch dann verbunden fühlen, wenn diese gar nicht da sind. Dazu reicht es, mit einem Gefühl von Dankbarkeit an sie zu denken. Versuchen Sie deshalb in den nächsten Tagen, jeden Morgen an drei Menschen zu denken, die Sie mögen und über deren Anwesenheit in Ihrem Alltag oder in Ihrem Freundeskreis Sie sich freuen. Versuchen Sie, jeweils zu sagen: »Ich bin dankbar und glücklich, dass wir uns kennen.« Oder auch: »Ich bin dir dankbar, dass du ...« (hier fügen Sie einen konkreten Punkt ein). Wichtig: Machen Sie die kleine Dankbarkeitsübung wirklich jeden Morgen. Wenn Ihnen immer nur dieselben drei Leute einfallen: auch gut! Versuchen Sie nur, jedes Mal wieder die Dankbarkeit und das Glück zu fühlen. Denn diese Gefühle wirken sich auch körperlich positiv aus – und sie heben die Stimmung für den Tag.

Übung: Für Kontaktfreudige

Nachbarskinder, Bäckereiverkäufer, Kolleginnen, Freunde und Bekannte – versuchen Sie, in den nächsten Tagen mit ungefähr fünf bis zehn Leuten unterschiedlichen Alters einen kurzen Small Talk zu halten. Fragen Sie die anderen ein paar Dinge zu Job und Alltag, oder reden Sie übers Wetter. Versuchen Sie, den kurzen Kontakt zu genießen. Die Psychologin Barbara Fredrickson beschreibt in ihrem Buch *Die Macht der guten Gefühle*, dass schon Kurzbegegnungen positive körperliche Veränderungen auslösen. Das Gefühl, kurz auf einer Wellenlänge zu sein, verändert die Herzfrequenz und die

Hormonausschüttung. Prüfen Sie im Laufe der Woche immer mal wieder, wie es Ihnen mit den kleinen Begegnungen geht: Verändert sich Ihre Laune? Oder das Körpergefühl?

Merksatz

Es kommt nicht darauf an, möglichst viele Kontakte zu haben. Wichtiger ist, dass Sie sich emotional verbunden fühlen.

Reflexion

- Wie verändert sich Ihr Körpergefühl, wenn Sie Kontakte mit anderen pflegen?
- Wie verändert sich Ihr Körpergefühl, wenn Sie Dankbarkeit ausdrücken?
- Gibt es Menschen, die Ihnen wichtig sind, die Sie aber zu selten sprechen und sehen? Notieren Sie die Namen. (Und melden Sie sich bei ihnen!)

Schritt 8: Einen Blick in die Zukunft wagen

Verjüngende und gesundheitsfördernde Effekte addieren sich zum Teil über Jahrzehnte. »Die Art, wie wir in den Jahren zwischen vierzig und sechzig mit unserem Körper umgehen, beeinflusst, wie krankheitsanfällig oder gesund wir jenseits der sechzig sind«, sagt Professor Sven Voelpel. »Deshalb ist es so wichtig, sich beharrlich mit dem Thema auseinanderzusetzen.« Man muss also dranbleiben.

Übung

Die Aufgabe dieses letzten Schritts ist schlicht, sich aus den bisherigen Tipps und Übungen zwei herauszusuchen, die Sie beibehalten möchten. Erst über ein paar Monate. Und wenn es funktioniert und Ihnen guttut, vielleicht sogar über Jahre. Wählen Sie aus der Liste jetzt Ihre zwei Favoriten aus:

- Themen wie Rauchen oder Übergewicht in kleinen Schritten angehen
- das Wichtigste zuerst erledigen
- neue Fähigkeiten in Sachen Sport, Musik, Sprachen entwickeln
- »verjüngende« Lebensmittel auf den Speiseplan nehmen
- Bewegung in den Alltag einbauen
- größere Pausen zwischen Mahlzeiten machen oder Intervallfasten ausprobieren

- Mikroabenteuer in den Alltag einbauen
- kleine Pausen und Meditationen in den Arbeitstag aufnehmen
- kalt duschen und/oder sich mehr dem Wetter aussetzen
- Dankbarkeit und Glück spüren

Wenn Sie voll motiviert sind und das Training Ihnen leichtgefallen ist, suchen Sie sich ruhig zwei oder drei Punkte heraus, die Sie weiter umsetzen wollen. Wenn Sie unsicher sind, wie viel Sie wirklich beibehalten können, wählen Sie lieber nur einen Punkt aus, bei dem Sie dann auch bleiben.

Abschlussaufgabe

Wie stellen Sie sich das Leben im Alter vor? Wir alle haben Bilder davon, was dann ein gutes Leben sein könnte, zum Teil haben wir sie noch von der Eltern- oder Großelterngeneration ungeprüft übernommen. Entwerfen Sie deshalb abschließend Ihr eigenes Bild.

Schreiben Sie auf, wie Sie mit siebzig oder achtzig Jahren leben wollen: Möchten Sie noch etwas arbeiten oder eher nicht? Wie wollen Sie leben – mit Freunden, allein oder in einer Beziehung? Was wollen Sie mit Ihrem Erfahrungsschatz anfangen? Schreiben Sie alles auf, was Ihnen in den Sinn kommt, auch Dinge, die vielleicht vor dem Coaching noch kein Thema für Sie waren.

Vielleicht kommen Ihnen dabei ein paar positive und persönlich relevante Ideen. Falls nicht, können Sie ja noch weiter über diese Aufgabe nachdenken. Denn auch schöne und konkrete Pläne für das Alter haben letztlich einen verjüngenden Effekt.

Wie stellen Sie sich Ihr Leben mit siebzig oder achtzig Jahren vor?

BUCHEMPFEHLUNGEN ZUM WEITERLESEN

Sven Voelpel: *Entscheide selbst, wie alt du bist: Was die Forschung über das Jungbleiben weiß*, Reinbek: Rowohlt, 2016.

Erkenntnisse aus der Altersmedizin, der Gedächtnisforschung, Arbeitspsychologie und Neurowissenschaft hat Professor Sven Voelpel in diesem Sachbuch anschaulich zusammengestellt. Dazu gibt er viele Beispiele und praktische Tipps, wie Sie geistig und körperlich jung bleiben können. Als Vertiefung dieses Coachings ist das Buch sehr gut geeignet.

Martin Korte: *Jung im Kopf. Erstaunliche Einsichten der Gehirnforschung in das Älterwerden*, München: Pantheon, 2014.

Wie verändert sich das Gehirn im Alter? Und wie kann man es weiter auf eine angemessene Weise fordern? Der Neurobiologe Martin Korte von der TU Braunschweig gibt Antworten und erklärt auch komplexe Zusammenhänge aus der Hirnforschung gut verständlich. Für alle, die sich vor allem für geistige Fitness auch im zunehmenden Alter interessieren.

Richard Friebe: *Hormesis. Das Prinzip der Widerstandskraft*, München: dtv, 2017.

Eisbäder, Sauna. Fasten. In den letzten Jahren gibt es einige Studien, die darauf hindeuten, dass Stressreize wie Hunger oder Kälte den Organismus stärken und so letztlich einen verjüngenden Effekt haben. Das Wirkprinzip dahinter nennt man Hormesis, manche Naturheilkundler sehen darin den nächsten großen Gesundheitstrend. Falls Sie in diesem Coaching tendenziell unterfordert waren, weil sie schon sehr gesund leben, könnte dieses Buch Ihnen neue Anregungen geben.

Aidan Goggins: *Die Sirtuin-Diät. Jung und schlank mit Genuss,* München: Goldmann, 2017.
Der Ernährungswissenschaftler Aidan Goggins ist überzeugt, dass bestimmte Lebensmittel die Aktivität des Enzyms Sirtuin im Körper ankurbeln – es soll positiv auf den Fettstoffwechsel wirken und den Abbau von Zellresten im Körper verstärken, also Alterungsprozesse aufhalten. Die »Sirtfoods« überschneiden sich teilweise mit der Liste der verjüngenden Lebensmittel aus Schritt 1. Ein Buch für alle, die das Thema verjüngende Ernährung vertiefen wollen.

KAPITEL 3

Erfüllt leben

Immer in Bewegung bleiben

Sinn entsteht nicht am Ziel, sondern während man darauf zugeht. Gern auch im Unsinn. Ein Essay über die Philosophie der Lebensplanung.

Von Ina Schmidt

»Du suchst und suchst und kannst den Sinn nicht finden. Gib's auf, denn so wirst du ihn nicht ergründen. Zieh deines Wegs, und träume vor dich hin: Wie oft enthüllt im Unsinn sich der Sinn.« Diese Zeilen der Dichterin Mascha Kaléko (1907 bis 1975) klingen nach einer reizvollen Alternative zur täglichen Hektik und dem, was uns unsere To-do-Listen und Google-Kalender als Zielsetzungen verordnen: So viel gibt es zu tun, abzuhaken und zu erledigen, und dann kommt noch all das hinzu, was wir noch gesehen, erlebt und erfahren haben wollen – um am Ende, ja, was eigentlich? Glücklich zu sein? Ein gutes Leben geführt zu haben, den Augenblick zu genießen? Worin liegt das Ziel hinter all unseren täglichen kleinen und großen Zielsetzungen? Auf der Suche nach einer Antwort scheint ein verträumtes Taumeln und die

Begegnung mit dem Unsinn eine erleichternde Alternative zu sein, die uns davon entbindet, ständig irgendetwas erreichen zu müssen.

Aber die Autorin jener Zeilen war keine verträumte Idealistin, die sich in ihren eigenen Welten verfangen konnte, weil für alles andere gesorgt war, ganz im Gegenteil. Kaléko galt als eine aufstrebende junge Dichterin in Berlin Ende der Zwanzigerjahre. Obwohl Jüdin, gelang ihr noch 1933 die Veröffentlichung eines ersten Lyrikbändchens, das »Lyrische Stenogrammheft«, aber der Erfolg war unter der Herrschaft der Nationalsozialisten nur von kurzer Dauer. 1938 emigrierte die Dichterin mit ihrer Familie nach New York. Im Exil begann ihr Leben als schreibende Wanderin zwischen verschiedenen Welten – zwischen Zielen, die nicht mehr zu verfolgen waren, und schließlich wiederkehrenden Erfolgen, die ihr nach dem Krieg doch noch die versagte Anerkennung zollten.

Die beständige Suche, das Wandern und Herumirren, die Veränderung von Umständen, die wir für selbstverständlich gehalten haben und die uns plötzlich zu einer Planänderung zwingen, erleben wir selten auf solch existenzielle Weise wie Mascha Kaléko, aber wir kennen doch die Verunsicherung, die Veränderung und Wandel für uns bedeuten können. Welche Rolle also spielt unsere allgegenwärtige Zielstrebigkeit in einem Leben, von dem alles andere als klar ist, auf welches große Ziel es eigentlich ausgerichtet ist – und warum tun wir uns so schwer damit, darauf nicht immer eine Antwort zu haben?

Auch ohne die Komplexität globaler, digitaler Welten in all ihrer Schnelllebigkeit und dem Zwang zur Innovation war das einzig Beständige die Unbeständigkeit, wie es der Philosoph Immanuel Kant zusammenfasste. Das ist mehr als ein gedanklicher Allgemeinplatz – zumindest dann, wenn es darum geht, unsere Handlungen auf bestimmte Ziele auszurichten.

Für Kant entsteht gerade daraus die Verpflichtung für den modernen Menschen, in einer immer säkularer werdenden Welt ohne übergeordnete Ordnungen und Sicherheiten mündig zu werden und auf seinen Verstand zurückzugreifen, um sich diesen beweglichen Bedingungen zu widmen und sie verantwortungsvoll zu gestalten. Und das nicht, um selbst ein glückliches Leben zu führen, sondern um ein menschliches Miteinander und gelingende soziale und moralisch tragfähige Strukturen überhaupt zu ermöglichen: Wir müssen uns also Ziele setzen, Strukturen und geistige Geländer schaffen, weil es keine gibt oder wir nicht sicher sein können, ob hinter all dem, was wir sehen und erfahren, etwas stecken könnte, das irgendeine Form von Ordnung zum Ziel haben könnte.

Darüber wird nicht nur im Denken der Aufklärung, sondern bereits seit mehr als 2000 Jahren nachgedacht – beginnend in der griechischen Philosophie der Antike. Hier gingen aber insbesondere Platon und sein Schüler Aristoteles davon aus, dass es nicht nur unser tätiger Verstand ist, den es zu gebrauchen gilt, sondern dass es durchaus etwas gibt, das den Dingen innewohnt, eine Art Potenzial, das es zu entfalten gilt. So beschreibt der griechische Begriff »telos« einen in der Zukunft liegenden, gegenüber dem Gegenwärtigen im Allgemeinen veränderten, erstrebenswerten und angestrebten Zustand. Ein »teleologisches« Denken und Handeln ist entsprechend darauf aus, diesen Zustand zu erreichen – allerdings in der Überzeugung, dass die Möglichkeit dazu dem Zustand auch wirklich innewohnt. Wir wollen also aus gutem Grund etwas verbessern, wenn wir uns Ziele stecken – die gegenwärtigen Bedingungen so verändern, dass wir etwas erreichen können, das uns bedeutsam erscheint.

Daran scheint wenig auszusetzen zu sein, allerdings klingt dies oft deutlich einfacher, als es ist. Denn die Frage, woher wir wissen, welches Potenzial worin steckt und ob wir es tatsächlich ausgeschöpft haben, bleibt oftmals ungeklärt – wir wissen also nicht so recht, ob wir eigentlich schon am Ziel sind. Halten wir also fest: Ein Ziel ist ein definierter Zustand, der das Ende einer bestimmten Ereignisfolge markiert und aus den Bedingungen hervorgehen kann, die ich vorfinde. Diese Ereignisfolge muss gut geplant und kalkuliert werden, aber gerade in unserem modernen Fortschrittsdenken sind wir ohnehin sicher: Wir Menschen brauchen Ziele, sonst wissen wir nicht, wohin mit uns und unserer Zeit, Zeit ist Geld, Organisation fast alles, und wer etwas erreichen will, der muss auch etwas dafür tun.

Ein zielstrebiges und ergebnisorientiertes Denken in Ursache und Wirkungszusammenhängen ist das, was uns als gegenwärtige Umsetzung eines pflichtbewussten Umgangs mit den eigenen Möglichkeiten am klügsten erscheint. Auch daran ist zunächst nichts auszusetzen. In vielen komplizierten Zusammenhängen ist dies ein vielversprechender Ansatz: Wenn mein Ziel darin liegt, ein Auto zu bauen, dann setze ich bestimmte Teile auf eine bestimmte Weise zusammen, und irgendwann wird das Auto fertig sein. Der Prozess selbst ist nicht beliebig zu variieren, und das technische Know-how dafür ist verallgemeinerbar. Das Ziel ist erreicht, wenn das Auto funktionstüchtig auf die Straße rollt.

Und auch in weniger technischen Zusammenhängen ist solch ein Denken von Vorteil: Plane ich eine Wanderung, um von einem Tal zum anderen zu gelangen, dann sollte ich die Route gut kennen und den Weg in eindeutige Etappen unterteilen. Ich sollte mich fit halten, die richtige Ausrüstung mitnehmen, dann wird dem Erreichen meines Ziels nicht viel im Wege stehen. Für zahlreiche Zielsetzungen funktioniert dieses Verhalten also wunderbar.

Was aber ist mit Situationen, in denen es alles andere als klar ist, ob wir wirklich schon am Ziel sind oder vielleicht nur eine Teiletappe erreicht haben? In denen wir unsicher sind, was die richtige Ausrüstung ist oder ob die Bedingungen morgen vielleicht andere sind? Schließlich lassen sich viele in der Zukunft liegende Zustände denken, die ebenfalls das Ende von Ereignisfolgen markieren, sich aber deutlich weniger gut organisieren lassen: die Suche nach der großen Liebe, der Traum von einem langen Leben, guter Gesundheit oder glücklichen Kindern.

Auch hier haben wir es mit Zielsetzungen zu tun, die aber trotz bester Vorbereitung und Planung nicht zwingend zu erreichen sind. Es gilt offenbar, die eigenen Zielsetzungen zu differenzieren und deren Erreichbarkeit auf den Prüfstand zu stellen: Vergleichen wir unser Leben mit einem mechanischen Apparat, der sich aus der Summe gut ineinandergreifender Teile ergibt, oder sehen wir unseren Lebensweg als eine Wanderung, auf der verschiedene Stationen erreicht werden müssen, um ans Ziel zu kommen? Wenn ja, dann werden wir uns bestimmte Ziele setzen und alles daransetzen, diese bestmöglich ausgestattet zu erreichen: Der Motor schnurrt, der Berggipfel ist in Sicht. Was aber, wenn wir uns gerade an dieser Vorstellung stören oder andere Erfahrungen machen?

Wenn wir unsere zielorientierte Strebsamkeit auf diese Weise auf den Prüfstand stellen, bedeutet das nicht, sie dem menschlichen Tun austreiben zu wollen – sondern sie auf ihre Tragfähigkeit zu untersuchen, wenn es einmal nicht darum geht, ein Auto zu bauen oder einen Gipfel zu erklimmen. Dazu kommen wir nun noch einmal zurück auf den griechischen Gedanken, dass manche Zielsetzungen weniger mit in die Zukunft gerichteten Ereignisfolgen zu tun haben als mit der Entfaltung von etwas, das dem, was ist, bereits innewohnt – wie ein Potenzial oder eine zu verwirklichende Möglichkeit.

Seit Platon ist eine der zentralen philosophischen Fragen die nach dem »guten Leben« und wie es uns gelingen kann, dieses zu führen. Zwar ist die Erläuterung dessen, was das Gute ausmacht, ebenfalls seit Platon alles andere als eindeutig, trotzdem gilt es, diese Fragen zu stellen. Denn: Welcher klar definierte Zustand kann hier sicherstellen, dass unser Ziel eines guten Lebens erreicht ist? Guter Job, Familie, Hausbau, Karriere? Oder das ungebundene Leben eines Reisenden mit wenig Ballast und vielen Freiheiten?

Die einzige Gewissheit, die wir diesen offenen Fragen entgegensetzen können, ist das Wissen um die Unbeständigkeit der Antworten, die wir geben können, und zugleich die Einsicht, dass wir trotzdem versuchen müssen, Antworten zu finden. Egal welche Ziele wir uns setzen und wie wir sie zu erreichen hoffen, bleiben wir mit einer Form von »Unverfügbarkeit« konfrontiert, die sich all unseren Anstrengungen und Planungen widersetzt: Unsere Beziehung geht auseinander, der Kinderwunsch bleibt unerfüllt, der Jobwechsel war ein Reinfall. Und schon stehen wir vor neuen Weggabelungen, die alles andere als eingeplant waren.

Nehmen wir diesen Gedanken ernst, dann haben wir es bei der Zielsetzung, ein gutes Leben zu führen, weniger damit zu tun, äußere Errungenschaften und Erfolge zu feiern, als eine bestimmte Fähigkeit auszuprägen: die Kunst des Überprüfens und das Schärfen einer geistigen Beweglichkeit, die sich im Unterwegssein auskennt. Platon lässt in seinen Dialogen den weisen Sokrates nicht umsonst die Überzeugung formulieren, dass nur ein geprüftes Leben auch ein gutes Leben sein kann.

Die eigentliche Zielsetzung liegt also der antiken Übersetzung folgend darin, eine »Lebenspraxis« auszuprägen, die im »Unterwegssein ankommen kann«, die sich immer wieder auf den Weg macht, Fragen stellt, suchend und prüfend neugierig bleibt und darin bei aller Unerreichbarkeit dennoch dem eigenen Streben nach dem Guten in der eigenen Gegenwart verpflichtet bleibt – ein Ziel, von dem Aristoteles in seiner Ethik nichts weniger behauptet, als dass es der eigentliche Schlüssel zur selbstgenügsamen Glückseligkeit sei.

Dieses antike »Ziel hinter allen Zielen« beschreibt dabei nicht so sehr einen moralischen Imperativ, der uns beständig mit mahnendem Zeigefinger droht, sondern liegt in der Besinnung auf das, was wir für das Wesentliche halten – auf den

Sinn unseres Tuns, von dem wir glauben können, dass darin etwas Gutes wirksam wird.

Anders als ein ergebnisorientiertes Handeln, das auf klare Ziele und Zwecke ausgerichtet ist, die sich prognostizieren und als erreichter Zustand klar erkennen lassen, hilft uns die Orientierung an der Sinnhaftigkeit unseres Tuns immer dann, wenn dieser mechanistische Zugang versperrt bleibt. Ein Sinn ist der Grund für das, was wir tun – wie ein Magnet, der die Eisenspäne um sich herum ausrichtet und ordnet, ohne dass wir uns um jedes einzelne Teilchen kümmern müssten.

Sinnhaftigkeit beschreibt damit einen Ursprung unseres Handelns, der von innen heraus Zusammenhänge stiftet, auch wenn es mit Anstrengungen oder Schwierigkeiten verbunden ist, um seiner selbst willen aber für uns einen Wert hat. Richten wir also in unseren Zielsetzungen den Blick stärker auf die Fähigkeit, unsere Ziele in wandelbaren Kontexten auf den Prüfstand zu stellen und – mit den antiken Philosophen – am Guten auszurichten, dann verändert sich auch die sinnvolle Ordnung, die dem zugrunde liegt, und das, was wir darin tatsächlich für erstrebenswerte Ziele halten.

Selbst ein Leben wie das der Dichterin Mascha Kaléko, das durch äußere wie innere Stürme immer wieder vom geplanten Weg abgebracht wurde, wird durch die Fähigkeit, sich mithilfe des eigenen Verstands an den veränderten Bedingungen neu auszurichten, zu etwas, das in der ernsthaften und klugen Suche nach dem Sinn den Wert des ziellosen Träumens und die notwendige Begegnung mit dem Unsinn nie aus dem Blick verliert und damit dem eigentlichen Wesen des Lebens deutlich näherkommt als jeder zielstrebige

Versuch, die eigenen Ziele auf Kosten des Wesentlichen erreichen zu wollen.

»Zieh deines Wegs«, schreibt sie, »und träume vor dich hin.« Diese offene Aufforderung an ein Tun, das tatsächlich einen Schritt vor den nächsten setzt und dennoch wachsam genug ist, um das Träumen nicht zu verlernen, ist vielleicht die wesentliche Zielsetzung, zu der wir wunderbarerweise auch schon gedanklich aufbrechen können.

»Es funktioniert zuverlässig«

Wer einen Herzenswunsch hat, sollte ihn erst mal aufkleben, sagt die Moodboard-Spezialistin Marianne Salentin-Träger.

Ein Interview von Carola Kleinschmidt

SPIEGEL: Frau Salentin-Träger, Moodboards kennt man von Designern, wenn sie Bilder als Inspiration für neue Kollektionen sammeln. Sie empfehlen die bunten Collagen auch bei beruflichen Zielen.

Salentin-Träger: Ich habe schon immer die Moodboards von Architekten und Modeleuten bewundert! In dieser Miniskizze wird das fertige Produkt schon spürbar! Also fing ich an, meine persönlichen Ziele in Collagen zu visualisieren. Meine Erfahrung ist: Es funktioniert absolut zuverlässig.

SPIEGEL: Welche Ziele haben Sie verwirklicht?

Salentin-Träger: Vor fünf Jahren träumte ich davon, ein Kochbuch mit Fotos und Geschichten über meine Lieblingsinsel Zypern zu machen. Eine absurde Idee! Ich kannte weder die Buchbranche, noch hatte ich Erfahrungen als Autorin. Heute gibt es das Buch in drei Sprachen, und es hat Preise gewonnen.

SPIEGEL: Warum hat das funktioniert?

Salentin-Träger: Ich habe viel recherchiert und einige Wissenschaftler dazu befragt. Der Erfolg von Moodboards hat verschiedene Aspekte. Allein das Erstellen kann eine Initialzündung sein. Man macht sich sehr fokussiert Gedanken darüber, welche Ziele man hat, wenn man sie mit Fotos, Schere und Kleber zu einer Collage fügt. Im Alltag gehen Träume und Sehnsüchte oft unter. Bilder lösen zudem starke Emotionen aus. Für ein Moodboard wählt man starke, positive Bilder. Oft spürt man beim Betrachten, wie toll es sich anfühlen wird, wenn man am Ziel ist.

SPIEGEL: Bilder sind wirksamer, als die Ziele nur aufzuschreiben?

Salentin-Träger: Absolut. Bilder transportieren mehr Informationen auf einen Schlag. Beim Auswählen präzisieren wir unser Ziel deshalb effektiv. Wenn wir zum Beispiel einen Berg besteigen wollen, merken wir sofort, welches Bild nicht zum Ziel passt – und welches perfekt ist. Vielleicht fehlte auf dem einen Bild das Lachen im Gesicht der Person. Oder die Berge waren zu niedrig. Das funktioniert auch für Jobziele. Die Bilder, die wir als stimmig empfinden, zeigen: Es ist nicht irgendein beruflicher Aufstieg, sondern die Führung eines Teams, das zusammenhält.

SPIEGEL: Klare Vorstellungen erleichtern es uns also, Ziele zu erreichen?

Salentin-Träger: Je klarer das Ziel, desto mehr spüren wir, wie es uns genau dort hinzieht. Aber ob wir das richtige Ziel gewählt haben, spüren wir vor allem an unserer Begeisterung! Und dann werden wir auch Wege finden, die uns hinbringen. Zum Training von Spitzensportlern gehört selbstverständlich dazu, dass sie große Erfolge visualisieren. Diese mentale Vorbereitung ermöglicht es ihnen überhaupt erst, über sich hinauszuwachsen. Andersherum gesagt: Was man sich nicht konkret vorstellt, wird man nicht anstreben.

SPIEGEL: Nun habe ich ein Moodboard, und dann?

Salentin-Träger: Wenn die Collage fertiggestellt ist, können Sie sich auf ein bisschen Magie gefasst machen. Vermutlich begegnen Ihnen jetzt laufend Menschen oder Dinge, die für das Erreichen Ihres Ziels interessant sein können. Es ist nun an Ihnen, die Gelegenheiten am Schopfe zu packen. Wer nicht in Aktion kommt, kann 100 Moodboards erstellen und kommt nirgends an. Klar ist: Für jedes große Ziel braucht man viele Schritte. Man muss dranbleiben. Außerdem hat jeder einen inneren Kritiker, der ihm sagt: Das schaffst du eh nicht! Sitzen Sie diesen Stimmen nicht auf! Die Bilder helfen uns, die störenden kritischen Gedanken weniger ernst zu nehmen.

SPIEGEL: Kennen Sie noch ein Beispiel?

Salentin-Träger: Eine Freundin war jahrelang in einem Verlag in leitender Position angestellt. Aber sie war so unzufrieden, dass sie schon krank wurde. Sie wusste nicht weiter. Sie bastelte ein Moodboard, auf dem sie ihre beruflichen Interessen und Leidenschaften visualisierte. Sie war selbst überrascht, dass sie lauter Blumen, Natur, Freiheitsmotive collagierte. Bisher ihr großes Hobby. Das gab ihr den Mut zu kündigen, und letztlich hat sie einen Job als Chefredakteurin in einem Gartenmagazin ergattert, für den sich 50 andere beworben hatten. Ihre Begeisterung hat alle überzeugt. Oder der Selbstständige, der sich nach einem Landhaus in Italien verzehrte. Heute hat er ein Tiny House mit Garten in der Nähe von Frankfurt. Denn auf seinem Weg merkte er: Das Stadthaus in Deutschland passt besser. Es geht nicht darum, die Bilder auf dem Moodboard wie aus einem Katalog umzusetzen. Es geht darum, Herzenswünsche zu verwirklichen.

So basteln Sie ein Moodboard:

Sie brauchen:

- ca. 70 x 40 cm Karton
- einen Stapel Zeitschriften
- eine Schere
- Klebstoff
- ein Porträtfoto von sich

1. Formulieren Sie Ihr Ziel

Fragen Sie sich: Was würde ich gern tun? Warum? Welche großen und kleinen Träume habe ich noch? Welche Sehnsuchtsziele? Das können berufliche Ziele sein, aber auch persönliche Träume wie Reisen, ein Sabbatical, das Erlernen eines Instruments oder eine persönliche Entwicklung.

2. Suchen Sie passende Bilder

Blättern Sie durch Zeitschriften und Internetseiten auf der Suche nach Bildern und Schlagwörtern, die Sie intuitiv ansprechen. Schneiden Sie alles aus, was passen könnte. Die Bilder sollten Ihr Ziel und Ihre Gefühle dazu visuell ausdrücken. »Wenn ich davon träume, ein Team zu leiten, würde ich mir Fotos von Menschengruppen suchen, die ich sympathisch finde«, sagt Salentin-Träger. »Es geht um die Aussage der Bilder auf der emotionalen Ebene.« Auch Gefühle lassen sich visualisieren: Vielleicht spricht mich ein Schmetterling an, weil er für Verwandlung steht. Oder das Foto eines Tigers, weil er Eleganz verdeutlicht. Wählen Sie die Bilder sorgsam aus.

3. Bringen Sie es zu Ende

Kleben Sie Ihr Porträt in die Mitte der Pappe. Darum herum drapieren Sie die Bilder, die zu Ihrem Ziel passen. Wie entfalten die Bilder und Worte ihre größte Wirkung? Probieren Sie herum! Ihr Ziel: das Board so zu gestalten, dass Sie die Botschaften mit einem Blick begreifen – und immer wieder ein intensiv positives Gefühl spüren. Wenn alles passt, befestigen Sie die Elemente. Es kann gut sein, dass Lücken bleiben, für die Sie noch ein passendes Motiv oder Wort finden wollen – oftmals entstehen Moodboards über mehrere Tage.

4. Suchen Sie einen Platz

Stellen Sie Ihr Moodboard an einen Ort, an dem Sie es häufig anschauen können. Perfekt ist zum Beispiel: am Bett, auf der Toilette, in der Küche, am Schreibtisch. Manche fotografieren es mit dem Handy.

5. Machen Sie sich auf den Weg

Machen Sie täglich einen Schritt in die gewünschte Richtung. Jede noch so kleine Maßnahme bringt Sie Ihrem Ziel näher. Das Moodboard hilft, den Fokus zu behalten. Und Sie sehen automatisch, dass Sie Stück für Stück vorankommen. Vielleicht notieren Sie sogar jeden Abend, welchen Schritt Sie heute gemacht haben. So kommen die Dinge ins Laufen, und Sie bleiben dran.

CHECK

Erfüllung garantiert

Mit diesen Checklisten finden Sie heraus, welche Bereiche Ihres Lebens Sie als sinnvoll erleben – und wo Sie sich unzufrieden fühlen. Sie lernen außerdem einfache Wege kennen, mit denen Sie sich mehr sinnhafte Momente schaffen.

Sobald es um das Thema Sinn geht, verhalten sich viele Menschen ambivalent: Entweder sie schmieden große Pläne, wie man das ganze Leben »eigentlich« gestalten müsste, und stellen ihren bisherigen Lebensentwurf plötzlich infrage. Oder sie winken müde ab und argumentieren, dass die Suche nach Erfüllung eher ein Luxusproblem sei. Beide Positionen sind verständlich – aber überzogen.

»Letztlich geht es vor allem darum, das Leben immer mehr an den eigenen Werten, Wünschen und Potenzialen zu orientieren und entsprechend zu gestalten«, sagt Cordula Nussbaum, Coach und Buchautorin aus München. Dazu sei es allerdings wichtig, dem Thema Sinn auch Raum zu geben. Mit Hilfe der Checklisten erfahren Sie, in welchen Bereichen Ihr Leben bereits sinnerfüllt ist und wo Sie an dem, was Ihnen wich-

tig ist, ein wenig vorbeileben. Sie finden auch erste Anhaltspunkte, wie Sie Ihren Alltag passender und zufriedenstellen-
der gestalten können – ohne gleich alles über Bord zu werfen.

Aufgabe

Beantworten Sie die Aussagen auf den folgenden Listen mit »Ja« oder »Nein«. Wenn Sie sich nicht sicher sind, wählen Sie die Antwort, die eher passt. Zählen Sie anschließend alle »Ja«-Antworten zusammen, und notieren Sie die Zahl im Extrakästchen.

1

	Ja	Nein

Sich über so etwas wie Erfüllung Gedanken zu machen, empfinde ich als Luxusproblem.

Ich habe schon einige Ideen, was mich zufriedener machen würde, aber ich habe keine Zeit, sie umzusetzen.

Ja   Nein

Wenn es ums Geldverdienen und um Berufliches geht, sind Glück und Zufriedenheit eher nachgeordnet.

Was mich zufrieden und froh macht? – So richtig weiß ich das nicht.

Vor allem kurzfristige Kicks wie ein gutes Essen, eine Reise oder Sport machen mich glücklich.

Ergebnis: _____ x **Ja**

2

Ich gehe meistens gern zur Arbeit/setze mich gern an den Schreibtisch, um zu arbeiten.

Ich weiß, was ich gut kann, und kann das bei der Arbeit auch einsetzen.

Ich weiß, was mir wichtig ist, und kann das bei der Arbeit auch einsetzen.

Mein Beruf passt zu mir – und darüber bin ich froh.

Ja Nein

Es gibt immer wieder Projekte, die ich sinnvoll und erfüllend finde.

Ergebnis: _____ x **Ja**

3

Mit den Menschen, die mir nahestehen, habe ich häufig eine schöne Zeit.

Die Art, wie ich wohne, und mein Wohnort gefallen mir gut.

Mein privates Leben gestalte ich so, wie es mir gut gefällt, mit Lieblingsbeschäftigungen, Hobbys und so weiter.

Ich habe genügend Zeit für die Dinge, die ich privat wichtig finde.

Viele meiner privaten Aufgaben, etwa in der Familie, im Verein, in meiner Nachbarschaft, sind mir wichtig und geben mir Kraft.

Ergebnis: _____ x **Ja**

4

Ja Nein

Ob als Single, in der Familie, in der Partnerschaft oder im beruflichen Umfeld – ich fühle mich mit anderen Menschen verbunden.

Ich habe einige Menschen gefunden, mit denen ich gut zusammenpasse und die in meinem Leben einen festen Platz haben.

Ich genieße es, Zeit mit anderen Menschen zu verbringen – und sei es als introvertierter, stiller Teilnehmer.

Bei der Arbeit habe ich einen guten Kontakt mit Kollegen und den meisten im Team.

Auch flüchtige Kontakte (etwa beim Einkaufen oder im Hausflur) kann ich manchmal genießen.

Ergebnis: _____ x **Ja**

5

Ich habe viele Ziele, alle scheinen wichtig, ich springe oft hin und her.

Ja   Nein

Meine wichtigsten Werte? Kenne ich nicht.   ☐   ☐

Status, Partnerschaft, ein guter Beruf – das sind   ☐   ☐
Ziele, die ich formuliert habe und zum Teil auch
erreicht habe. Aber irgendwie fehlt mir etwas.

Ich weiß gar nicht genau, was mich erfüllen würde.   ☐   ☐

Welche Tätigkeiten mir leichtfallen? Was meine   ☐   ☐
Leidenschaften sind? – Diese Fragen kann ich nur
schwer beantworten.

Ergebnis: _____ x **Ja**

6

Auch kleine und alltägliche Momente können mir   ☐   ☐
das Gefühl von Erfüllung geben.

Einige Lebensträume und Pläne habe ich schon   ☐   ☐
umgesetzt, und das gibt meinem Leben eine gute
Richtung.

Ich spüre schnell, wenn eine Situation für mich er-   ☐   ☐
füllend ist und mich zufrieden macht.

Ja   Nein

Es fällt mir leicht, meine Werte und Wünsche immer wieder in den Alltag einzubauen (etwa Liebe, Eigenständigkeit, Gerechtigkeit).

☐ ☐

Ich kann meine Ziele und Pläne gut Schritt für Schritt angehen oder zupackend in die »richtige Richtung« gehen.

☐ ☐

Ergebnis: _____ x **Ja**

Auswertung

1

Ihre Einstellung zum Thema Erfüllung

Sie haben auf dieser Liste **zweimal oder häufiger mit »Ja«
geantwortet?** Dann haben Sie sich wahrscheinlich bisher
noch nicht viel mit dem Thema Sinn beschäftigt oder ver-
bieten es sich, der Ergründung dieser Frage allzu viel Raum
zu geben. Damit sind Sie nicht allein. Viele Menschen sehen das Suchen nach Erfüllung als eine Art Zeitvertreib für
Esoterikfans und gehen davon aus, dass in einem realistisch
geplanten Leben so etwas keinen Platz hat. Doch das ist ein
Trugschluss. Das Forschen nach tiefer Zufriedenheit ist le-
gitim und wichtig, denn es hilft, Ihr Leben so zu gestalten,
dass es Ihren Überzeugungen und Werten entspricht. Probieren Sie aus, sich mehr auf das Thema zuzubewegen, lernen
Sie, mehr zu sich selbst und Ihrer inneren Wahrheit zu stehen! Wenn Sie hier weniger als zweimal mit »Ja« geantwortet haben, dann wissen Sie vielleicht schon, wie energetisch
und stabil man sich fühlen kann, wenn man es wagt, das Leben erfüllter zu gestalten.

> **Tipp:** Denken Sie an drei wichtige Entscheidun-
> gen aus der letzten Zeit, beispielsweise die Su-
> che nach einem passenden Job, einem anderen
> Wohnort, einer Freizeitbeschäftigung. Überle-
> gen Sie nun, was diese Entscheidungen beein-
> flusst hat. War es das Argument »Das mache ich,

das macht Freude und ist sinnvoll« oder eher der Gedanke »Das muss man so machen«? Meistens gibt es beide Stimmen, aber eine ist dominanter. Wenn Sie bei sich ein ausgeprägtes »Man muss«-Denken entdecken, können Sie versuchen, im Alltag bei kleinen Entscheidungen demnächst häufiger nach der Maßgabe »Was würde Freude machen und Sinn ergeben?« zu entscheiden. Das ist anfangs ungewohnt, anhand von unwichtigen Minientscheidungen können Sie aber üben, sich für das zu entscheiden, das Sie erfüllt.

2   Ihre Zufriedenheit im Beruf

Sie sind mit Ihren beruflichen Aufgaben und mit der Wahl Ihres Arbeitsbereichs größtenteils zufrieden, wenn Sie in dieser Checkliste **dreimal oder häufiger »Ja« angekreuzt** haben. Dass Sie in Ihrem täglichen Arbeitsbereich wenigstens zum Teil Erfüllung erleben, kann sehr stärkend sein. Arbeitspsychologen halten heute das Empfinden von Sinn für einen der wichtigsten Motivationsfaktoren im Berufsleben. Denn das Gefühl von Erfüllung entsteht oft, wenn man etwas tut, das gut zu den eigenen Talenten und Fähigkeiten passt. Dinge fliegen einem dann eher zu, und man geht darin auf. Wenn Sie also im Beruf immer weiter nach Sinn suchen, wird Ihre Arbeit Ihnen leichter fallen. Falls Sie in dieser Liste zweimal oder weniger mit »Ja« geantwortet haben, könnten Sie probieren, sich beruflich noch mehr an Ihren Talenten, Fähigkeiten und dem Gefühl »Das ist sinnvoll« zu orientieren.

Tipp: Wer beruflich auf der Suche nach Sinn ist, neigt oft zu Aktionismus. Man denkt dann schnell, dass man sich nach einem neuen Job oder Beruf umschauen muss, wenn man bisher wenig Erfüllung im Arbeitsalltag gefunden hat. Doch das ist oft gar nicht nötig. Probieren Sie lieber aus, auf die Plusseite zu schauen, und benennen Sie drei Tätigkeiten, Bereiche oder Situationen, die Sie im Arbeitsleben jetzt schon gut finden. Versuchen Sie, diese Dinge beizubehalten oder sogar häufiger als bisher zu tun. Man nennt diese Strategie auch das Formulieren von »Bleib-da-Zielen«. Erhalten und pflegen Sie das Gute – und versuchen Sie, es zu vermehren. Gerade wenn Sie sowieso schon halbwegs zufrieden sind, kann die Strategie ausreichend sein, um Ihnen das Gefühl von Erfüllung zu geben.

Ihre Zufriedenheit im Privatleben

Sie haben auf dieser Checkliste **dreimal oder häufiger »Ja«
angekreuzt?** Dann sind Sie wahrscheinlich mit Ihrem privaten Umfeld und Ihren Lebensbedingungen grundsätzlich zufrieden. Das ist gut. Denn nur wenn Sie gefühlt ausreichend
freie Zeit haben, die Dinge zu tun, die Sie lieben, können Sie
das Gefühl von Erfüllung etablieren. Dazu kommt: Wenn in
den privaten Abschnitten des Tages die Verpflichtungen, un-
angenehmen Umstände oder die Hektik überhandnehmen,
gerät man aus der Balance. In einem chronischen Druckzu-
stand verliert man dann immer mehr das Gespür dafür, was
einem überhaupt guttut und wichtig ist, erinnert sich nur
noch theoretisch an Lieblingsbeschäftigungen, Leidenschaften und Erfüllungsmomente. Wenn Sie hier weniger als dreimal »Ja« angekreuzt haben, wissen Sie wahrscheinlich, wie
schnell man den inneren Kompass für das Thema Sinn verliert, sobald man unter Druck steht. Deshalb kann es für Sie
hilfreich sein, sich wieder mehr Zeit und Raum zu nehmen,
um zu forschen, welche Tätigkeiten, Gespräche, Kontakte
und welche Umgebungen Ihnen ein Gefühl von Sinn geben.

Tipp: Kennen Sie den Begriff »Weg-von-Ziel«?
Das sind alle Ziele, die man negativ formuliert,
beispielsweise »Ich will nicht mehr rauchen« oder
»Ich will nicht mehr so viel arbeiten«. Diese negativ formulierten Ziele haben in der Motivations-

psychologie keinen guten Ruf, denn mit diesen Sätzen im Kopf weiß man immer noch nicht, was man wirklich will. Dennoch können Weg-von-Ziele helfen: beim Neinsagen und beim Rausschmeißen von unliebsamen Aufgaben in der Freizeit und Familienzeit. Überlegen Sie deshalb, welche drei Verpflichtungen, Termine, Gewohnheiten Sie am liebsten sofort absagen und loswerden würden. Und dann tun Sie es: Sagen Sie zu mindestens einer Sache »Nein«! Sie werden sehen: Das Aussortieren von ungeliebten Tätigkeiten schafft Raum für das, was für Sie erfüllend ist.

 ## Ihre Zufriedenheit in Beziehungen

Das Gefühl von Sinn und Erfüllung entsteht für fast alle Menschen auch, wenn sie sich mit anderen verbunden fühlen. Dass uns soziales Miteinander guttut, ist auch evolutionsbiologisch erklärbar. Falls Sie in dieser Liste **dreimal oder häufiger »Ja« geantwortet** haben, wissen Sie offenbar um die sinnstiftende Wirkung von Verbundenheit. Das kann entscheidend sein, beispielsweise wenn Sie zwischen einem Traumjob in einem unattraktiven sozialen Umfeld oder einem mittelguten Job in einem gut verbundenen Umfeld auswählen sollen. Wer den menschlichen Faktor miteinbezieht und würdigt, vermeidet es jedenfalls oft, in eine unglückliche Lage zu kommen. Haben Sie in diesem Check weniger als dreimal mit »Ja« geantwortet, könnte es sich für Sie lohnen, sich mehr um den Kontakt zu Freunden und Kollegen zu kümmern und diesen zu verfestigen. Oder Sie probieren, bei den alltäglichen Begegnungen im Büro und mit flüchtigen Bekannten aufmerksamer zu sein, sodass Sie die Resonanz zu anderen und das Gefühl von Sinnhaftigkeit spüren.

Tipp: Wir haben häufig ein paar vertraute Menschen um uns, treten aber im Alltagstrott oft nicht bewusst und aktiv mit ihnen in Kontakt. Versuchen Sie, die Verbundenheit zu Ihnen nahestehenden Menschen mehr zu pflegen. Das muss nicht lang sein: Setzen Sie sich mit dem Partner nach der Arbeit zehn Minuten hin, stellen Sie ein oder zwei Fragen, hören Sie zu. Auch mit Kindern, Verwandten, Freunden oder Lieblingskollegen können Sie in solche kurzen, aufmerksamen Gespräche treten. Dadurch entsteht oft ein tiefes Gefühl von Sinnhaftigkeit.

Wissen über Ziele, Werte und Motive

Wer mehr Erfüllung finden will, braucht einen inneren Kompass, der zeigt, wo es langgeht. Wenn Sie in diesem Check **zweimal oder weniger »Ja« angekreuzt** haben, haben Sie wahrscheinlich verschiedene innere Kriterien, die Ihnen helfen, Entscheidungen so zu fällen oder Situationen so zu gestalten, dass sie für Sie sinnvoll werden. Die eigenen Ziele, Fähigkeiten und Potenziale – all das sind Orientierungspunkte für eine gute, treffsichere Einschätzung, was Sie persönlich tief zufrieden macht. Denken Sie im Zweifelsfall oder im Stress immer mal wieder daran: Sie kennen Ihre inneren Anhaltspunkte! Statt kopflos einfach »irgendwie« zu handeln, lohnt es sich für Sie, innezuhalten und sich zu befragen, was für Sie wirklich wichtig und passend ist. Falls Sie in diesem Check dreimal oder mehr mit »Ja« geantwortet haben, kennen Sie Ihre persönlichen Ziele, Werte und Motive wahrscheinlich noch nicht so gut. Schaffen Sie sich, wenn es geht, Gelegenheiten, in denen Sie dieses Feld erkunden können, beispielsweise im Gespräch mit Freunden oder auch bei einem beruflichen Coaching.

Tipp: Kennen Sie »somatische Marker«? So nennt man die minimalen körperlichen Reaktionen, die entstehen, wenn wir zwischen mehreren Alternativen entscheiden wollen, eine Person treffen oder eine Aufgabe vor uns haben. Auch wenn die Miniempfindungen meistens schwach ausgeprägt sind, kann man erkennen, ob sie eher freudig und positiv, unangenehm und negativ oder neutral sind. Üben Sie, diese Reaktionen sensibler wahrzunehmen: Denken Sie an drei Aufgaben im Job und drei private Situationen, die Sie in den letzten Tagen erlebt haben. Löst eine davon ein angenehmes Kribbeln im Magen aus, ein Gefühl von Wachheit und Energie oder eine andere positive körperliche Regung? Dann gehört diese Situation, diese Aufgabe für Sie in den Bereich von Erfüllung. Experimentieren Sie mit den kleinen Körpergefühlen, richten Sie sich mehr nach ihnen aus.

 ## Sinnvoll handeln

Wenn es um Erfüllung geht, reicht es nicht, sich darüber klar zu werden, welche Werte und Wünsche man hat. Es ist auch wichtig, diese aktiv ins Leben einzubauen und zum Leitstern fürs eigene Handeln zu machen. Wenn Sie in dieser Checkliste **dreimal oder häufiger »Ja« angekreuzt** haben, dann wissen Sie wahrscheinlich ganz gut, wie Sie Ihre eigenen Werte, Wünsche, Ziele – kurz: alles, was für Sie Sinn ergibt – in den Alltag einbauen können. Es ist wichtig, diesen Sprung ins Tun auch wirklich zu wagen. Sonst bleibt Erfüllung nämlich ein Traum, der niemals Realität werden wird und deshalb mehr belastet als erfreut. Haben Sie hier nur selten »Ja« geantwortet, dann kennen Sie wahrscheinlich das Gefühl der inneren Lähmung, das Sie an der Schwelle zu Ihren eigenen Wünschen und Werten stehen bleiben lässt. Es könnte helfen, wenn Sie Ihre Einstellung und Herangehensweise nach und nach ändern.

Tipp: Sehen Sie Erfüllung und Sinn nie als etwas Großes und Grundsätzliches an, sondern immer als eine alltägliche Sache, die Sie in jedem Moment neu etablieren können. Brechen Sie die Frage »Wie kann ich so leben, wie ich leben will?« auf jede Situation Ihres Lebens herunter, richten Sie sich an Ihrer persönlichen Antwort aus. Haben Sie etwa für sich festgestellt, dass Sie anderen Menschen helfen wollen, müssen Sie nicht gleich den Job wechseln oder ein soziales Unternehmen gründen. Es reicht, im Alltag eine hilfsbereite Haltung zu etablieren und mit Umsicht und Freundlichkeit zu agieren. Das klingt banal, hat aber eine große Wirkung: Je häufiger Sie nach den eigenen erfüllenden Zielen, Motiven und Werten handeln, desto größer wird die Wahrscheinlichkeit, dass sich diese Haltung in Ihrem Leben verfestigt. Der Handlungsimpuls hin zum erfüllenden Tun wird immer stärker.

Wegweiser

Haben Sie ein besseres Gefühl dafür bekommen, in welchen Lebensbereichen Sie sich erfüllt und froh fühlen – und wo Sie eher ins Leere laufen? Das folgende Coaching hilft Ihnen, sich noch mehr auf Ihre Werte, Motive und Leidenschaften zu konzentrieren.

COACHING

Sinn finden

Der hektische Alltag verstellt uns oft den Blick auf das, was wirklich wichtig ist. Hier lernen Sie, nach Ihren eigenen Werten, Fähigkeiten und Vorstellungen zu leben – ohne gleich das ganze Leben umzukrempeln.

Dauer

Sinnvoll leben? Erfüllung finden? Das sind Lebensthemen, für die Sie Ruhe brauchen. Es bietet sich an, sich für die acht Schritte vier bis acht Wochen Zeit zu lassen. Bearbeiten Sie pro Woche maximal zwei Schritte. Da es viel um Selbstreflexion geht, lohnt es auch, ab und zu zurückzublättern und zu lesen, was Sie bereits geschrieben haben.

Schritt 1: Schlüsselbegriffe finden

Bevor Sie ein erfüllteres Leben führen können, verschaffen Sie sich Klarheit darüber, was Ihnen wichtig ist und was Ihren Alltag bereichern würde. Weil diese Fragen durch reines Nachdenken schwer zu beantworten sind, bekommen Sie hier eine angeleitete Reflexionsübung an die Hand.

Übung: Spurensuche

Mit diesen Fragen zu Ihrem Alltag können Sie herausfinden, was für Sie »Erfüllung« bedeutet. Notieren Sie die Antworten.

1. An welchem Arbeitstag waren Sie in den vergangenen Monaten richtig zufrieden? Was passierte genau an diesem Tag? Was haben Sie gemacht und erlebt? Notieren Sie drei Begriffe, die die erfüllende Arbeit beschreiben.

2. Was war in den letzten Monaten der Tag mit Freunden, Partner, Familie, der Sie am meisten erfüllt hat, an dem Sie dachten, Sie machen etwas Sinnvolles? Welche drei Begriffe beschreiben die Situation und Ihre damalige Rolle?

3. Was war in der letzten Zeit der Freizeit-, Ferien- oder Sonntagsmoment, der Sie am meisten erfüllt hat, in dem Sie spürten, dass Sie etwas Sinnvolles und Wesentliches machen? Finden Sie auch dafür drei passende Begriffe.

Schauen Sie sich nun Ihre Begriffe zu allen drei Fragen an. Welche haben Sie mehrfach verwendet, gibt es Gemeinsamkeiten? Fassen Sie diese zusammen, und analysieren Sie die Gewichtung. Falls es nur wenig Gemeinsamkeiten gibt, schauen Sie, welche Begriffe Ihnen besonders wichtig oder passend vorkommen.

Halten Sie hier unten nun drei Wörter fest: Das ist Ihr »Spickzettel« für die Erfüllung – nehmen Sie diese Begriffe mit in die kommenden Schritte.

Ziele für mehr Erfüllung:

→ _____

→ _____

→ _____

Tipp: Achten Sie bei den Begriffen darauf, dass Ihnen das Herz aufgeht oder Sie sich persönlich angesprochen fühlen. Dann sind Sie auf der richtigen Spur.

Schritt 2:
Falsche Ziele entlarven

Ansprüche und Pläne, die nicht zu Ihnen passen, können den Weg zu einem erfüllteren Leben verstellen. Genauso wie falsch formulierte Ziele, an denen man sich verhebt. Hier lernen Sie, »falsche Ziele« zu erkennen. Sie erhalten außerdem eine Anleitung, wie Sie bremsende Ziele so verändern können, dass sie zu erfüllenden Zielen werden.

Reflexion: Ein Blick zurück

Blicken Sie zurück auf das vergangene Jahr. Welche Pläne hatten Sie sich fest vorgenommen, welche Ziele wollten Sie umsetzen, haben sie dann aber doch nicht oder nur halbherzig verfolgt? Machen Sie eine Liste mit drei bis vier Zielen.

Übung: Gründe finden

Überlegen Sie nun, warum Sie die Ziele aufgegeben haben. Wichtig: Sie finden hier drei Hindernisse, die zwischen Ihnen und Ihrem Ziel gestanden haben können. Welches Problem trifft auf welches Ziel zu?

Erste Fehlerquelle: Das Ziel ist zu groß. Man hat sich zu viel vorgenommen – und aus Angst, es nicht zu schaffen, legt man gar nicht erst los.

Ist das bei einem Ihrer Ziele der Fall? Dann formulieren Sie es kleiner und gehen es im nächsten Jahr noch mal an (aus »ein Buch schreiben« wird dann »eine Geschichte schreiben«, aus einer großen Reise ein Wochenendtrip et cetera).

Zweite Fehlerquelle: Konkurrenz mit anderen Zielen. Die Sache war zwar wichtig – aber ein anderes Ziel hatte Vorrang.

Prüfen Sie anhand der Begriffe aus Schritt 1, ob das Ziel, das nach hinten gerutscht ist, Ihnen wirklich wichtig ist. Falls es zu den erfüllenden Zielen gehört, versuchen Sie, sich einen realistischen Zeitplan zu machen. Sagen Sie zum Beispiel: »Dieses Jahr schaffe ich es nicht, aber nächstes Jahr.«

Dritte Fehlerquelle: Man verfolgt ein fremdes Ziel oder reines Vernunftziel, das gar nicht den eigenen Wünschen entspricht.

War ein bestimmtes Projekt eigentlich die Idee einer Kollegin, Ihres Partners oder eine reine Vernunftentscheidung? Manche Ziele verfolgen wir halbherzig, weil sie nicht den eigenen erfüllenden Werten entsprechen. Falls das zutrifft: Entscheiden Sie in Ruhe, ob Sie das Ziel fallen lassen oder beibehalten.

Nehmen Sie Ihr Wissen über falsche und erfüllende Ziele zusammen, und formulieren Sie ein oder zwei Ziele, die Sie nach dieser Fehlerprüfung tatsächlich weiterverfolgen wollen. Dies ist der zweite Spickzettel, den Sie für Ihren Weg zu mehr Erfüllung brauchen.

Meine erfüllenden Ziele:

→ _____

→ _____

→ _____

Keine Zeit?
Viele Menschen setzen Pläne und Wünsche nicht um und geben als Grund dafür Zeitmangel an. Das ist allerdings oft zu kurz gedacht – und letztlich eine Ausrede. Für wirklich wichtige Veränderungen und Pläne kann man sich Zeitfenster einbauen.

Wichtig: Sie möchten gerne ein Ziel aufschreiben, das Sie bisher noch nicht berücksichtigt haben, das Ihnen aber wichtig erscheint und sich mehr an den Begriffen aus Schritt 1 orientiert? Dann machen Sie das!

Schritt 3: Spielräume formulieren

Nicht immer ist es lohnend, ein Ziel punktgenau und sachlich zu formulieren – und in einen griffigen Satz zu packen. Vielleicht hilft es Ihnen mehr, sich offenere Ziele zu setzen und diese auch ein bisschen auszuschmücken. Es ist dann leichter, sie wirklich zu erfassen und sich vor Augen zu führen.

Werkzeug

Blättern Sie kurz zu den Zielen aus Schritt 2 zurück, und suchen Sie eins aus. Nutzen Sie, um sich das Ziel vor Augen zu führen, das Prinzip des »glitzernden Korridors«: Formulieren Sie Ziele nicht punktgenau, sondern so allgemein und offen, dass Sie mehr Möglichkeiten und Spielräume sehen. Wenn es zum Beispiel um »drei Wochen Urlaub in Frankreich« oder »Führungskraft werden« geht, kann es für Sie besser sein, allgemeiner zu formulieren und zu sagen »eine große Auszeit an einem Ort, den ich mag« und »Verantwortung übernehmen, Mitarbeiter anleiten«. Was passt für Sie?

Nun geht es weiter: Überlegen Sie nicht nur, welche Ziele Sie haben, sondern auch, welche Werte dabei eine Rolle spielen. Geht es Ihnen um Freiheit, Energie, Macht? Wenn Sie wollen, können Sie jene Begriffe aus Schritt 1, in denen es auch um Werte geht, zu Hilfe nehmen.

Um das Bild noch etwas runder zu machen: Welche Talente oder Potenziale wollen Sie einsetzen? Gibt es Menschen, die dabei sein sollen?

Wenn Sie das Gefühl haben, bisher mit den konkreten Punktzielen gut zurechtzukommen, bleiben Sie dabei! Das Prinzip der glitzernden Korridore ist für diejenigen gedacht, die sich durch zu enge und präzise Ziele unter Druck gesetzt fühlen.

Schritt 4: Das Alter nicht vergessen

Was wir als »sinnvoll« erachten, verändert sich in jeder Lebensphase. Mit 30 erfüllt und bewegt uns etwas anderes als mit 40, 50 oder 60 Jahren; die Wege und Wünsche sind ebenfalls andere. Hier lernen Sie, bei der Suche nach Erfüllung auch die Lebensphase zu berücksichtigen, in der Sie gerade sind.

Übung

Denken Sie an die bereits gefundenen Begriffe und erfüllenden Situationen, und überlegen Sie, wie Sie diese Qualitäten stärker und passgenau in Ihren jetzigen Lebensabschnitt einbauen könnten.

Machen Sie eine kurze Reise durch Ihr Leben: Welche Ziele und Vorstellungen hatten Sie mit 25, 35, 45 oder auch – wenn Sie älter sind – mit 55 oder 65 Jahren? Was hat sich in den vergangenen zehn Jahren geändert? Gibt es Lebensbereiche, in denen Sie jetzt mehr als früher Erfüllung finden wollen? Haben sich die Eigenschaften und Werte, die für Sie Sinn ergeben, geändert?

Die Übung hilft, sich in der Lebensphase zu verankern, in der man gerade ist. Und zu spüren, dass sich Wünsche und

Vorstellungen allmählich weiterentwickeln. Suchen Sie passend zur Lebensenergie und Lebensphase einige erfüllende Pläne und Ideen für die nächsten Jahre.

5 Schritt 5: Sinn in den Alltag holen

Erfüllung finden? – Das klingt schnell grundsätzlich. Dabei können Sie die Werte und Ziele, die für Sie Sinn ergeben, ganz leicht in Ihren Alltag einbauen. Deshalb gibt es hier einige Übungen zum »Sofort-Tun«. Schauen Sie noch einmal die drei Wörter aus Schritt 1 und die Ziele aus Schritt 2 an, die für Sie ein erfülltes Leben ausmachen. Und nun legen Sie los – mit ganz kleinen Änderungen im Alltag, die dazu passen. Die kleinen Taten werden für Sie vielleicht lächerlich winzig aussehen, doch sie helfen, sich in einen Zustand zu bringen, der für Sie erfüllend ist und Ihnen das Gefühl von Sinn gibt. Je mehr solcher Mikromomente Sie im Alltag erleben, desto mehr verfestigen sich diese Werte und Haltungen im ganzen Leben.

Übung

Nutzen Sie hier Ihr Wissen, um To-do-Listen und Stichpunkte zu erstellen. Schreiben Sie fünf bis zehn Handlungen, Haltungen und Miniaktionen auf, die zu Ihren erfüllenden Werten und Zielen passen – und die Sie sofort tun können. Schreiben Sie zügig auf, was Ihnen einfällt.

- _____   • _____

- _____   • _____

- _____   • _____

- _____   • _____

- _____   • _____

Welche Kleinigkeiten in meiner Arbeit kann ich so verändern, dass sie sich mehr an meinen erfüllenden Werten und Zielen ausrichten?

Was an meiner privaten Situation und im Familienalltag kann ich so verändern, dass es meinen erfüllenden Werten und Zielen entspricht?

Merksatz

Kleine Schritte reichen nicht? Das ist ein Trugschluss. Sehr häufig bahnt das Verändern von Kleinigkeiten eine Kursänderung.

Anregungen für Miniänderungen

Hier finden Sie eine Liste, mit der bereits andere Menschen Mikroschritte hin zu dem, was sie erfüllend finden, unternommen haben. Lesen Sie die Liste genau durch, und suchen Sie einen Punkt aus, der zu Ihren Zielen, Werten und Vorhaben passt – und greifen Sie die Umsetzungsideen auf.

☐ **Sie wollen die Welt schöner machen?** – Dann sammeln Sie beim Spaziergang Müll auf. Oder Sie räumen Ihre Wohnung auf.

☐ **Sie wollen kreativ sein und sich mit Ideen einbringen?** – Dann überlegen Sie sich eine Minineuerung: Kochen Sie überraschend ein Abendessen, dekorieren Sie den Flur um, bereichern Sie Alltags-Small-Talk mit einer neuen Idee.

☐ **Sie wollen Freiheit und Raum für sich?** – Ändern Sie Routineabläufe bei der Arbeit oder zu Hause jetzt sofort. Arbeiten Sie erst, und frühstücken Sie dann, checken Sie erst die Mails und dann den Anrufbeantworter. Oder gehen Sie zu Fuß nach Hause, und zwar einen Weg, den Sie noch nicht kennen.

☐ **Sie wollen helfen und Kontakt mit anderen?** – Warten Sie im Supermarkt geduldig, wenn jemand an der Kasse langsam ist, helfen Sie jemandem, der eine Hand braucht, seien Sie freundlich. Helfen Sie Freunden, Familienmitgliedern, Kindern, wenn die Sie brauchen.

☐ **Sie wollen lernen, forschen und leisten?** – Lesen Sie einen Zeitungsartikel über ein Thema, das Ihnen fremd ist, gehen Sie eine Ihnen bekannte Aufgabe an, als täten Sie dies zum ersten Mal, bewegen Sie sich mit einem Verkehrsmittel fort, das Sie sonst nicht benutzen, machen Sie einen Tag lang alle Alltagsdinge mit der nicht dominanten Hand.

☐ **Sie wollen mehr Einfluss haben und Verantwortung übernehmen?** – Bringen Sie sich in Diskussionen ein, und vertreten Sie Ihren Standpunkt, machen Sie beherzt Vorschläge, wenn in einer Gruppe eine kleine Entscheidung ansteht, wie etwa »Wohin gehen wir zum Mittagessen?« oder »Was schenken wir Fred?«.

☐ **Sie wollen wild und mutig leben?** – Sagen Sie im Meeting oder auf der Familienfeier nicht das, was die anderen auch meinen, sondern was Sie selbst zu einer Sache denken. Gönnen Sie sich Mikroabenteuer: Fahren Sie mit dem Rad statt mit dem Auto zur Arbeit, laufen Sie in die Stadt, knüpfen Sie Kontakt mit jemandem im Team, der Ihnen fremd oder ein bisschen unheimlich ist.

Haben Sie sich in einem der Ziele oder Werte wiedergefunden? Gut. Dann setzen Sie einen der kleinen Handlungstipps gleich heute um – am besten in dieser Minute oder in der nächsten Stunde. Bauen Sie diese Art von Minierfüllungen über den Tag immer mal wieder ein, und bleiben Sie dabei. Sie bringen sich mit diesen kleinen Aktionen in die Stimmung und in die Energie, die für Sie mit Erfüllung verbunden ist. Man kann diese kleinen Aktionen also nicht hoch genug schätzen – denn sie erleichtern es, immer mehr in die gewünschte Spur zu kommen und diese zu halten.

6 Schritt 6: Unterstützung beim schönen Leben

Allein geht es auch, aber mit anderen ist es leichter. Wenn Sie erfüllt leben wollen, heißt das, dass Sie Neues ausprobieren oder kleine, aber beherzte Veränderungen im Leben vornehmen. Dafür brauchen Sie ein unterstützendes Umfeld, das für Experimente offen ist. Hier finden Sie heraus, wer dazugehört.

Werkzeug: Verbündete finden

Wer ist hilfreich, wer gönnt Ihnen ein schönes, erfülltes Leben und hat einen ähnlichen Blick auf die Dinge? So finden Sie es heraus:

Fertigen Sie eine Liste mit zehn bis zwölf Namen aus Ihrem Umfeld an, Menschen, die Sie täglich oder wöchentlich sprechen und die Sie beeinflussen. Lesen Sie jeden Namen, und überlegen Sie, ob diese Person auf dem Weg zu sinnvollem und erfüllendem Handeln eher zu den Unterstützern oder zu den Nörglern gehört. Wer unterstützt, bekommt Herzen, wer eher sabotiert oder bremst, ein Kreuz. Sie können pro Namen drei Herzen und drei Kreuze vergeben.

Sie werden sehen, dass einige Menschen herausstechen, beim Thema Erfüllung sehr hilfreich sind. Orientieren Sie sich an dieser Liste, und suchen Sie in der nächsten Zeit eher den Kontakt zu den Unterstützern als zu den Meckerern.

- _____   - _____

- _____   - _____

- _____   - _____

- _____   - _____

- _____   - _____

Suchen Sie nun noch mal drei Leute heraus, die für Ihren Weg und die Richtung, in die Sie gehen wollen, besonders passend sind.

Übung

Nehmen Sie zu diesen drei Menschen in den nächsten Tagen Kontakt auf, ob mit einer Mail, einer Postkarte, per Telefon oder persönlich, ist dabei egal. Es muss dabei nicht um Ihre Ziele gehen: Allein die Energie, die aus der Verbindung entsteht, ist für Sie wertvoll und bringt Sie mehr in Richtung Ziel.

Reflexion

Wie ist es, zu wissen, dass es Leute gibt, die Sie unterstützen? Und solche, die Sie in Ihren Zielen nicht so stark unterstützen?

Wichtig: Wenn Sie merken, dass sehr enge Vertraute, wie zum Beispiel Ihr Partner, sich als wenig unterstützend erweisen, machen Sie kein Drama draus. Ziehen Sie einfach praktische Konsequenzen, und beziehen Sie die Person im Augenblick nicht so stark in Ihre Vorhaben ein. Bei anderen Lebensfragen können die Meckerer dann auch wieder die richtigen Sparringspartner sein.

Schritt 7: Die bisherigen Pläne ändern

7

Mit kleinen Sofortänderungen haben Sie sich schon beschäftigt. Nun geht es darum, noch etwas weiter zu gehen und ein etwas größeres, erfüllendes Ziel für die nächste Zeit ins Auge zu fassen.

Fantasiereise: Zurück in die Zukunft

Setzen Sie sich auf einen Stuhl, und nehmen Sie eine entspannte Haltung ein. Stellen Sie sich dann vor, Sie lesen diesen Beitrag genau heute in einem Jahr. Springen Sie gedanklich in diesen Tag, und malen Sie sich aus, wie Sie dort in der Zukunft einen erfüllten Tag verbringen – gemäß Ihren Begriffen und Ankerpunkten, die Sie in diesem Coaching bislang erarbeitet haben. Alles ist so, dass es Sie erfüllt und zufrieden macht.

- Was machen Sie an diesem Tag?
- Sind Sie zu Hause oder unterwegs?
- Sind Sie im Büro und, wenn ja, wo?
- Was tun Sie in Ihrem Job? Welches Projekt betreuen Sie?
- Welche Aufgaben erledigen Sie, die voll und ganz Ihren Prioritäten aus Schritt 1 und Schritt 3 entsprechen?

- Was machen Sie in Ihrer Freizeit? Welche Abenteuer oder welche Beständigkeit erleben Sie dort?
- Welche Hobbys üben Sie aus?
- Sind Sie an diesem rundherum erfüllenden Tag allein oder mit anderen Leuten zusammen?
- Wenn mit anderen Menschen, dann mit wem?

Übung

Schreiben Sie auf, wie ein erfüllender Tag für Sie aussieht. Haben Sie Ihren erfüllenden Tag vor sich gesehen? Dann kommen Sie zurück ins Jetzt, und spüren Sie Ihren Gedanken nach. Fühlt es sich attraktiv an? Erzeugen diese Bilder ein angenehmes Kribbeln? Gut. Dann entscheiden Sie sich jetzt, diese erfüllenden Bilder Realität werden zu lassen.

> »Vision ist die Kunst, Unsichtbares zu sehen.«
> *Jonathan Swift, Schriftsteller*

Reflexion

Fragen Sie sich: »Was kann ich heute bereits tun, um in diese Richtung zu gehen?« Notieren Sie zum Abschluss etwa fünf Dinge, die Sie jetzt sofort tun können, um in einem Jahr tatsächlich diese erfüllenden Situationen zu erleben. Das können Anrufe sein, um Infos einzuholen oder jemanden zu finden, der Sie unterstützt, eine Weiterbildung buchen, sparen et cetera. Machen Sie gleich heute etwas, das den erfüllenden Tag aus Ihrer Zeitreise ins Jetzt holt. Und morgen wieder. Und übermorgen wieder.

Schritt 8: Weiter dranbleiben

Sie haben in den vergangenen Wochen Techniken kennengelernt, mit denen Sie Ihr Leben mehr in die Richtung gestalten können, die für Sie erfüllend ist. Diese Klärung ist wichtig. Noch wichtiger ist allerdings das Dranbleiben – denn allzu leicht verliert man den Fokus »Erfüllung« wieder. Deshalb finden Sie hier zum Abschluss Übungen, die Ihnen helfen, Ihre Vorhaben in Ihr Leben einzubauen.

Wie geht es weiter?

Blättern Sie noch mal zurück, und lesen Sie, welche Werte und Ziele Sie notiert haben und welche drei Wörter auf Ihrem Spickzettel für Erfüllung in Schritt 1 stehen. Formulieren Sie nun noch mal einen Punkt, ein Ziel, das Sie weiterverfolgen wollen. Auch über dieses Coaching hinaus!

Ein Ziel, das ich weiterverfolgen möchte, ist:

Im Anschluss sind einige Techniken und Tipps zusammengestellt, mit denen Sie Ihren Weg zu mehr Erfüllung und Zufriedenheit auch in die Tat umsetzen können.

Abschlussübung

Konkrete Hilfe: Lesen Sie die Vorschläge durch, beantworten Sie die Fragen zur jeweiligen Technik, und suchen Sie
sich dann eine aus, die Sie am meisten anspricht und die Sie
für sich aufgreifen wollen.

Die 72-Stunden-Regel nutzen

Hat man einen Plan oder Wunsch formuliert, dann hilft es,
in den nächsten 72 Stunden bereits ein paar kleine Schritte zu
gehen, mit denen Sie sich dem Ziel nähern. Und dann in den
nächsten 72 Stunden wieder. Und so weiter. Achten Sie deshalb in den kommenden Wochen darauf, dass Sie weiterhin
alle paar Tage etwas tun, das Sie der Verwirklichung Ihres
Plans, Ihrem Gefühl von einem erfüllten Leben näherbringt.

Wie sieht Ihre To-do-Liste aus?

- _____   - _____

- _____   - _____

- _____   - _____

Tipp: Schreiben Sie fünf To-do-Punkte auf, und arbeiten Sie diese über zwei bis drei Wochen ab. Danach machen Sie eine neue Liste.

Zeitfenster schaffen

Sie haben einen Plan für etwas, das Sie erfüllt und das Sie in einem Jahr gern tun wollen, zum Beispiel einen Jobwechsel, eine längere Reise, eine kurze Auszeit für ein kreatives Projekt? Schaffen Sie sich eine Zeitinsel, in der Sie sich jede Woche eine oder zwei Stunden mit dem Projekt beschäftigen. Manche Menschen nutzen dazu einen freien Freitag, andere reservieren sich an einem bestimmten Abend in der Woche eine Stunde. Wählen Sie ein realistisches Zeitfenster aus, machen Sie einen regelmäßigen Termin mit sich selbst, und beschäftigen Sie sich dann nur mit der Verwirklichung Ihres Plans.

Wie sieht ein passendes Zeitfenster aus?

Einen Sparringspartner suchen

Sie brauchen Motivation und jemanden, der Sie daran erinnert, was Sie gern in die Tat umsetzen wollen? – Damit sind Sie nicht allein. Vielen Menschen hilft ein Sparringspartner, der einen ab und zu daran erinnert, mit welchen Plänen man sich beschäftigen will, wie man sie umsetzt und bis wann das geschehen soll. Suchen Sie sich aus der Liste Ihrer Unterstützer aus Schritt 6 jemanden heraus, der Ihnen wirklich wohlgesinnt ist – und verabreden Sie mit dieser Person, wie oft und in welcher Form diese Sie an Ihre Vorhaben erinnern soll. Oft bringt das den nötigen Anschub.

Wer wäre für Sie ein guter Sparringspartner?

Haben Sie sich für eine der drei Maßnahmen entschieden, die Sie fortsetzen wollen? Wenn ja: Welche ist es?

Bis wann wollen Sie damit weitermachen?

Datum: _____

BUCHEMPFEHLUNGEN ZUM WEITERLESEN

Raj Raghunathan: *Klug, erfolgreich und trotzdem unglücklich. Wie intelligente Menschen Zufriedenheit finden,* München: Goldmann, 2017.

Konsumverhalten ist das Forschungsgebiet des Autors, Psychologieprofessor an der University of Texas. Er beleuchtet, warum ein übermäßiges Streben nach Erfolg, Glück und finanzieller Sicherheit Menschen eher unglücklich macht – und welche Art des Umdenkens hilft, Balance und Zufriedenheit zu finden. Für alle, die »eigentlich« alles im Leben haben, aber nicht glücklich sind.

Cordula Nussbaum: *Meine Glüxx-Factory: So mache ich mich einfach glücklich!,* Frankfurt: Campus, 2019.

Was macht uns froh? Wie kann man Zufriedenheit und Glück voneinander unterscheiden? Wohin führt mein Lebensweg? All diese Fragen können Sie mithilfe des Buchs nach und nach beantworten. Die Autorin, die auch dieses Coaching entwickelt hat, gibt viele Übungen zur Reflexion, hilft, Lebenswünsche zu erkennen und umzusetzen. Für alle, die sich noch mehr mit dem Thema »zufrieden leben« beschäftigen wollen.

Viktor E. Frankl: *Über den Sinn des Lebens*, Weinheim: Beltz, 2019.

»Lebe so, als ob du zum zweiten Mal lebtest.« Das war einer der Leitsätze des Wiener Psychologen Viktor Frankl, Begründer der Logotherapie. Die Neuauflage seiner Vorlesungen zum Thema Lebenssinn und Stabilität auch in Krisenzeiten, die er nur ein knappes Jahr nach seiner Befreiung aus dem Konzentrationslager Türkheim hielt, ist lesenswert. Besonders wenn Sie gerade an einem Punkt sind, an dem Sie Ihr Leben sinnvoller und für Sie und Ihr Umfeld passender gestalten wollen.

Emily Esfahani Smith: *Glück allein macht keinen Sinn. Die vier Säulen eines erfüllten Lebens*, München: Mosaik, 2018.

Verbundenheit mit der Welt, Resonanz in der Natur und mit Kunst, anderen Menschen helfen, ein Leben nach den eigenen Talenten führen. Das sind für die Autorin und Psychologin zentrale Faktoren, die helfen, ein sinnerfülltes Leben zu führen. Die Bedeutung all dieser Punkte belegt sie auch durch wissenschaftliche Studien. Ein Buch, dass für Sie hilfreich sein kann, wenn Sie gerade nur wenige Ideen haben, wie und wo Sie überhaupt Erfüllung finden können.

ANHANG

Beratende Expertinnen und Experten für Selbsttests und Trainings

Kapitel 1

Check und Coaching: Hans Markowitsch ist emeritierter Professor für Physiologische Psychologie von der Universität Bielefeld. Die Themen Gedächtnis und Erinnerung, aber auch verschiedene Formen der Amnesie waren sein Forschungsfeld.

Kapitel 2

Check und Coaching: Sven Voelpel ist Professor für Betriebswirtschaft mit dem Schwerpunkt Demografischer Wandel an der Bremer Jacobs University und Gründer des WISE Demographie Netzwerks. Er schrieb mehrere Bestseller über das Jungbleiben.

Kapitel 3

Check und Coaching: Cordula Nussbaum hat Kommunikationswissenschaften studiert und arbeitet seit zwei Jahrzehnten als Coach. Sie beschäftigt sich in ihren Büchern und Trainings mit Zeitmanagement und der Frage, wie man persönliche Träume, Werte und Wünsche konkret umsetzen kann.

Über die Autorin der Checks und Coachings

Anne Otto, Diplom-Psychologin und Journalistin, war nach dem Studium zunächst einige Jahre als Psychologin tätig und arbeitet heute als Autorin mit Schwerpunkt auf Psychologie- und Wissenschaftsthemen. Sie schreibt außerdem Sachbücher. Für SPIEGEL WISSEN und SPIEGEL COACHING konzipiert sie unter anderem Checklisten und Coachings.

Für jedes Ziel das passende Coaching

Wie setzt man sich realistische Ziele und erreicht sie auch? Wie steigt man auf eine gesunde, genussvolle Ernährung um? Und wie schafft man es, endlich regelmäßig Sport zu treiben? Wie Sie Ihr Leben in kleinen Schritten verändern können, zeigt Ihnen dieses Buch! Es bietet Ihnen drei Selbsttests und leicht umzusetzende Coachings, nützliche Techniken zur Steigerung der eigenen Motivation und viele praktische Übungen und Tricks, die Ihnen den Weg in ein bewussteres Leben erleichtern.

PENGUIN VERLAG

Für jedes Ziel das passende Coaching

Wie können wir unsere Gefühle besser verstehen? Wie können wir alte Muster erkennen und erlernte Verhaltensweisen verändern? Und wie können wir unsere Wahrnehmung schulen und andere Menschen besser einschätzen? Wie Sie Ihr Leben in kleinen Schritten verändern können, zeigt Ihnen dieses Buch! Es bietet Ihnen drei Selbsttests und leicht umzusetzende Coachings, nützliche Techniken zur Entfaltung Ihrer Persönlichkeit und viele praktische Übungen und Tricks, die Sie auf Ihrem Weg in ein zufriedeneres Leben begleiten.

PENGUIN VERLAG

Für jedes Ziel das passende Coaching

Wie gehen wir mit beruflichen Veränderungen und unserem neuen Arbeitsalltag um? Wie erkennt man die eigenen Stärken und Potenziale und schöpft diese auch erfolgreich aus? Und wie sieht ein erfülltes Berufsleben aus? Wie Sie eine gesunde Work-Life-Balance schaffen, zeigt Ihnen dieses Buch! Es bietet drei Selbsttests und leicht umzusetzende Coachings, Hintergrundwissen sowie viele hilfreiche Tipps und Tricks für eine gute Organisation im (Home)Office.

PENGUIN VERLAG